SUR LES TRACES DE **PATTON**

Jean-Michel Bodelet remercie les Archives de l'État à Arlon et Saint-Hubert (Vincent Pirlot et Thierry Scholtes), Michel Baert (guide de la bataille des Ardennes), Mathieu Billa (Bastogne War Museum), le commandant Johnny Bona (Bastogne Barracks), Gilles Bouillon (musée de la Bataille des Ardennes à La Roche-en-Ardenne), le CRIBA et, plus particulièrement, Madame Anne-Marie Noël-Simon et Monsieur Roger Marquet. Merci, également, à Agnès Ledent pour son aide précieuse. Enfin, merci à Martine pour son soutien de tous les instants et aux deux p'tits gars, Augustin et Malo, qu'ils puissent toujours vivre dans un monde en paix.

Renaissance du Livre

Avenue du Château Jaco 1
1410 Waterloo

Jean-Louis Lahaye présente
Sur les traces de Patton

Rédaction : Jean-Michel Bodelet
Couverture : Cédric Michiels
Mise en page : Josiane Dostie
Imprimerie : V.D. (Temse, Belgique)

ISBN : 978-2-507-05566-0
Dépôt légal : D/2017.12.763/64

SUR LES TRACES DE PATTON

JEAN-MICHEL BODELET

Renaissance du Livre

SOMMAIRE

Je vous propose le deuxième tome de la série « Sur les traces de… », consacré, cette fois, au général Patton et à la bataille des Ardennes.

Cet homme au caractère bien trempé, visionnaire, parfois rebelle, s'est attiré quelques inimitiés et soucis au sein de l'armée. Il reste néanmoins indissociable de la célèbre bataille.

Par deux fois, il est venu combattre sur notre continent, par deux fois, il s'est illustré. La première en étant à la tête des troupes mécanisées qu'il entraînera pour le combat (il avait déjà perçu l'importance que les chars allaient prendre au sein des armées). La deuxième, en 40-45, quand Eisenhower lui accordera trois semaines pour échafauder un plan pour libérer Bastogne. Il lui répondra que deux jours suffiront. Il avait déjà anticipé la demande, ses troupes étaient en marche.

Mais l'anecdote qui, pour moi, illustre le plus cet homme extraordinaire est celle où, blessé au champ de bataille et envoyé à l'hôpital, il s'enfuit pour à nouveau combattre, ce qui lui vaudra une sanction et une décoration de l'armée.

Vous comprendrez aisément qu'un caractère comme celui-là ne peut que me plaire.

Ayant eu à mes côtés, pendant malheureusement de trop courtes années, un témoin privilégié de la Seconde Guerre mondiale, mon père m'a inoculé la passion pour cette période, aussi atroce que palpitante. J'espère que, tout comme moi, vous prendrez plaisir à découvrir les multiples rebondissements de la vie de Patton et, surtout, de la fameuse bataille des Ardennes.

Bonne lecture !

Jean-Louis Lahaye

PRÉFACE

Marcher sur les traces du général George Smith Patton Jr, dans les sillons de la troisième armée américaine, c'est souvent commencer par s'interroger sur sa destinée singulière : « Comment a-t-il trouvé la mort ? », « N'y a-t-il pas là l'ombre d'un attentat ? »

Le procès verbal de l'époque ne laisse pas de place au doute : « Blessure accidentelle ». Situation particulièrement prosaïque pour l'un des plus valeureux chefs militaires que le monde ait connu, sorti paralysé d'un accident de voiture, sur un passage à niveau non loin d'Heidelberg en Allemagne. Et comme il le confia à son épouse : « Je ne peux pas imaginer de dénouement plus tragique. »

La mort, Patton sut s'en approcher au plus près avec ses armées durant les premier et second conflits mondiaux. Ainsi l'Histoire aura au moins retenu la *maestria* avec laquelle il conduisit ses troupes à libérer Bastogne et briser la contre-offensive allemande en Ardenne.

« N'écoutez pas vos peurs. » Gravée dans un monument de granit rose, c'est par une de ses maximes que Patton accueille les visiteurs de ce verger situé à Néhou en

Normandie. C'est là en effet que Patton s'établit secrètement en juillet 1944, pour faire d'une armée factice durant la campagne de désinformation *Fortitude*, une armée bien réelle amenée à s'illustrer dès l'opération *Cobra*.

Débarqué près d'un mois après le Jour-J, revêtu parfois d'un uniforme de sergent, Patton se voyait lui-même comme « une arme secrète ». Mettant à profit cette période d'oisiveté toute relative pour relire l'histoire des César, Guillaume le Conquérant, Napoléon et Frédéric le Grand, il s'en inspira pour esquisser les mouvements de la troisième armée.

Son génie, Patton le puisait dans la confiance qu'il plaçait dans ses hommes mais aussi dans une foi profonde. Qu'il s'agisse de s'enquérir auprès d'un GI de la présence des mines enfouies par l'ennemi ou de prier humblement à genoux la Providence de bien vouloir faire plier l'adversité.

Suivre les traces de Patton, c'est rencontrer l'acteur, le poète, l'athlète et l'historien. C'est aussi vivre ou revivre la fougue propre à l'enfant refusant de s'en laisser compter par les contraintes de l'existence. Où que Patton ait servi, il s'en trouvera toujours sur cette terre pour se lever et saluer spontanément sa mémoire.

Helen Patton
(Octobre 2014)

AVANT-PROPOS

Patton. L'homme aux colts à la crosse d'ivoire. L'homme au casque étoilé. Le héros. Le chef de guerre. Un nom qui, dans le langage commun, est associé à la bravoure, au caractère trempé, voire à l'abnégation. Patton, c'est aussi Bastogne, la ville où il a conquis sans doute son plus grand fait d'armes. Aujourd'hui encore, la simple évocation de son nom renvoie à la bataille des Ardennes. Mais Patton, c'est également un homme sensible, caustique, connu pour ses coups de gueule et un ego surdimensionné. Dans ses carnets de notes, ses lettres, lors des conférences de presse et des interviews, il sait tirer avantage de la médiatisation faite autour de lui en se donnant les premiers rôles. Le second livre de la série « Sur les traces de... » a pour ambition de vous faire découvrir ce personnage aux multiples facettes, de marcher avec lui en Belgique lors de l'offensive de von Rundstedt. Cet ouvrage ne se veut pas une étude stratégique de ses combats. La littérature sur ce sujet est abondante et nous renvoyons le lecteur à la bibliographie sélective figurant en fin de livre. Ce livre n'est pas non plus une biographie de cet illustre général. Là aussi, plusieurs auteurs se sont penchés sur ce domaine. Ne citons que les deux meilleures études en langue française consacrées au général, celles de Yannis Kadari et de Boris Laurent. Sauf mention contraire, les extraits de lettres et de notes du général sont issus de ces deux ouvrages fondamentaux. Faisant fi d'une étude stratégique et d'une biographie complète, nous avons, dans les pages qui suivent, posé des jalons pour essayer d'entrevoir l'histoire de cet homme. Rien ne naît jamais, en effet, en vase clos. Nous allons le suivre tout le long de sa jeunesse, en France, lors de la Première Guerre mondiale, et découvrir un Patton visionnaire. Nous passerons également en revue ses campagnes lors de la guerre 1940-1945. La contre-offensive allemande des Ardennes figurera en bonne place dans ce livre. Si les projections dans le temps et dans l'espace sont omniprésentes dans les lignes qui suivent, nous n'avons en aucune manière voulu négliger notre époque. Dans cette optique, c'est le Patton des monuments et des plaques commémoratives qui vous est présenté.

PARTIE 1

GEORGE, AVANT PATTON

TU SERAS SOLDAT, MON FILS...

«Je devais être le plus heureux du monde, je l'étais sûrement.»

Patton, évoquant sa jeunesse

Nous sommes le 11 novembre 1885. Le 11 novembre. Bien entendu, cette date n'est, à l'époque, pas encore entrée dans l'histoire. Lorsque cela sera chose faite, en 1918, Patton fête ses 33 ans. Patton voit le jour en Californie, dans un ranch. La famille du petit George est loin d'être dans le besoin. Sa maman, Ruth, est la fille d'un riche homme d'affaires et la petite-fille du premier maire de Los Angeles. Son père, George, diplômé de l'école militaire de Virginie, est un avocat qui s'est lancé dans la politique. S'il ne manque de rien, matériellement parlant, dès ses premiers cris, Patton n'est pas un bébé en pleine forme. Chétif, sa nourrice, Mary, une Irlandaise, catholique, le fait baptiser, en secret. Il le sera à nouveau, un peu plus tard, à l'initiative de ses parents et sous les rites de l'Église épiscopale américaine, soit l'Église anglicane des États-Unis. Une double mise sous la protection de

Dieu. Un Dieu qui ne le quittera jamais, à qui il fera de nombreuses fois référence dans ses écrits, lui adressant suppliques et autres prières. Celle qu'il compose lors de la bataille des Ardennes est sans doute la plus connue. Ce n'est pas la seule. Dieu est avec lui, Dieu lui donne la force de gagner. Patton, qui a une très haute estime de lui-même, en est convaincu. Le jour du débarquement des Alliés en Afrique du Nord, le 8 novembre 1942, il écrit à sa femme Béatrice : « Il ne semble pas qu'il y ait eu de très durs combats sur le rivage [...]. Le calme est complet ; Dieu était avec nous. »

Lorsque Patton voit le jour, vingt ans seulement se sont écoulés depuis la fin de la guerre de Sécession, *Civil war* pour les Américains. Une guerre qui est omniprésente dans la vie du futur général. Paradoxalement : Patton vit en Californie, état nordiste pendant cette *Civil war*. Or, du côté paternel, la famille s'est illustrée dans les rangs sudistes. Son grand-père, George, premier du nom, était général chez les confédérés. Il est mort les armes à la main. Cette mort, conjuguée à la défaite du Sud, met la famille dans de grandes difficultés. C'est le cas de la future grand-mère de Patton. Jeune veuve, elle convole en secondes noces avec George Hugh Smith, colonel chez les sudistes pendant cette même guerre de Sécession. Celui-ci, avec d'autres proches de la famille, inculque au jeune « Georgie », surnom donné à Patton, le respect des ancêtres, des traditions et sans doute le sentiment d'appartenance à une lignée de héros, d'hommes d'honneur ayant inscrit, voire devant inscrire leur nom dans l'histoire. Ils sont en effet nombreux, les membres de sa famille, à avoir combattu pendant la guerre civile américaine. De surcroît, le premier de la lignée, Robert Patton, venu d'Écosse au XVIIIe siècle, avait épousé la fille de Hugh Mercer, héros de la guerre de l'Indépendance, mort, lui aussi, les armes à la main, ami de George Washington, le premier président des États-Unis !

Patton, c'est une histoire américaine condensée, teintée de forts relents sudistes. Pouvait-il choisir un autre métier que celui des armes ? Sans doute pas. S'il se plonge dans l'histoire familiale, il voue également une réelle passion pour les exploits des grands hommes, des hommes de guerre en particulier : Napoléon, César, Hannibal... La culture classique fait partie de son apprentissage. Tout comme la lecture de la Bible. Pourtant, Georgie n'est pas à l'aise pour lire et écrire. Certains de ses biographes y voient de la dyslexie. Une dyslexie, si elle est présente, que Patton surmontera à force de travail et de volonté. Deux des traits fondamentaux de sa personnalité.

UNE RÉINCARNATION ?

Patton fait de nombreuses fois référence à des personnages historiques. Il les évoque dans ses notes, n'hésitant pas à utiliser des citations en français. Mais Patton, à divers moments, pousse sa vision des hommes du passé jusqu'à se croire la réincarnation de l'un d'entre eux. Lors de la Première Guerre mondiale, en France, il écrit à sa mère : « J'ai vu un théâtre antique qui m'est familier. Peut-être ai-je conduit une légion sur cette même route ? J'ai aussi vu un château en ruine que j'ai probablement dû prendre d'assaut au Moyen Âge. Nous étions, nous sommes et nous serons. »

La jeunesse de Patton est presque idyllique. Il ne s'en plaindra d'ailleurs jamais. Le ranch familial lui permet de découvrir l'équitation, faisant de lui, rapidement, un cavalier émérite. D'abord sous la tutelle d'un précepteur, il intègre une école privée, avant d'entrer dans une école militaire. C'est sans doute à cette période que Patton doute le plus de ses propres qualités. *In fine*, il intègre l'académie militaire de Virginie. La tradition familiale se poursuit. En ralliant cette institution, il se fond dans le moule de son grand-père et de son père. D'emblée, il est à l'aise, devient un exemple et, comme il le fera tout au long de sa vie, il travaille et travaille encore. Février 1904, il est proche de son premier Graal : il passe l'examen d'entrée à West Point, la plus ancienne et la plus prestigieuse académie militaire des États-Unis. Il est reçu. Entre l'académie de Virginie et West Point, c'est le jour et la nuit. Le niveau y est différent. «West Point, c'est la guerre», écrit Patton. Si ce dernier excelle dans les options tactiques et physiques, les cours scientifiques comme les mathématiques ou les cours de langues ne lui conviennent pas. Le doute l'envahit. Il note en substance que, si c'est pour constater ses échecs, il aurait «été préférable que je meure 10 ans plus tôt !» Georgie redouble. Sa force de caractère et, soulignons-le une fois de plus, son travail vont lui faire passer cette épreuve. Il devient un bon élève dans toutes les matières. En juin 1909, quatre-vingts ans après une de ses idoles, le général sudiste Lee, Patton est diplômé de West Point, 43e de sa promo. Au sein de cette promotion figure le futur général Alexander Patch, vainqueur de Guadalcanal. Les deux hommes se retrouveront en septembre 1944, non loin de Dijon. Ils décéderont à un mois d'intervalle, jour pour jour, en 1945. Aujourd'hui, une statue perpétue la mémoire de Patton au sein de West Point. Pourtant, son passage dans cette illustre académie n'a pas laissé que de bons souvenirs. Hautain envers ses supérieurs, il agace les cadets dont il a la charge. Mais Georgie n'en a cure. Sa route vers la gloire est ouverte. L'histoire lui donnera les conditions pour accéder à son rêve, celui de devenir général et de poursuivre la lignée familiale.

LE GÉNÉRAL PATTON : PROFILAGE PSYCHOLOGIQUE

Par **Alexandra Hubin**, docteur en psychologie et sexologue

Le caractère bien trempé de Patton, ses succès militaires contrebalancés par ses maladresses politiques ont engendré une image complexe de ce héros de guerre.

La tradition militaire coule dans ses veines

Son intérêt pour l'histoire et surtout celle des batailles lui vient de son père qui partage avec lui le goût de la littérature classique et romanesque. Il sera toujours très fier de ses ancêtres et attache une grande valeur à la vie militaire et à son héritage familial. Il est très vite décidé à faire une carrière dans l'armée et affirme très jeune qu'il sera un jour général ! Il ne cessera jamais d'être ambitieux et de souhaiter monter dans la hiérarchie. Pour cela, il veillera aux moindres détails pour cacher ses faiblesses et renforcer ses atouts.

Une image bien travaillée cachant ses faiblesses

Pour atteindre son objectif de marquer l'histoire, il doit d'abord surmonter des difficultés d'apprentissage. L'écriture est, pour lui, une véritable catastrophe. Certains diront qu'il était atteint de dyslexie. Il restera également fâché avec les mathématiques. Ses lacunes sont telles qu'il pense devoir

renoncer à son rêve d'une carrière militaire qui marquerait l'histoire. Il redouble sa première année à West Point. Mais son excellente mémoire et sa persévérance ont raison de ces difficultés. Il réussit sans encombre les années suivantes et excelle lors des exercices militaires !
Conscient que l'image que l'on renvoie force le respect, il mettra beaucoup d'énergie à dissimuler sa sensibilité auprès de ses subordonnés sous des allures rigides. Autoritaire, arrogant, vaniteux ? Trois adjectifs qui reviennent très souvent pour décrire Patton. Son goût pour une discipline extrême, ses phrases assassines donnent, selon lui, confiance à ses hommes. Il utilise également des artifices comme ses revolvers et son casque. Tout est extrêmement calculé pour ne laisser transparaître aucune fragilité.

Épanoui à la guerre, perdu en temps de paix

Patton est connu comme un général d'une rapidité inégalable et d'une efficacité redoutable. La renommée de ce génie militaire est perceptible même auprès des Allemands. Ses hommes le suivent aveuglément, même dans les offensives les plus risquées. La force de Patton est d'être proche de ses soldats. Ceux-ci sentent que non seulement il connaît son métier, mais qu'en plus, il l'adore ! Patton aime la guerre. Non pour les morts et les horreurs, mais pour l'excitation qu'elle engendre et les responsabilités qu'elle demande. Ses succès militaires ont parfois pu minimiser ses déclarations politiques maladroites. Mais une chose est certaine, autant Patton était dans son élément sur les champs de bataille, autant, en dehors, il s'ennuyait et se perdait dans les subtilités diplomatiques.

PATTON, LES PREMIERS COMBATS

«Jeune officier efficace et enthousiaste dans son travail [...]. Ses services ont été particulièrement appréciés.»

Général Pershing à propos de Patton

Patton opte pour la cavalerie. Une arme dans laquelle il voit une plus grande chance de promotion et, surtout, l'opportunité de faire la guerre, convaincu, à cette époque, que la cavalerie est l'arme du futur, celle qui décide du sort d'une bataille. Il est affecté à Fort Sheridan où il sert sous les ordres du général Marshall. Patton rejoint ensuite Washington où il se constitue un important réseau, dans le monde tant militaire que politique. Un réseau qui lui servira par la suite. C'est à cette époque qu'il croise, notamment, le secrétaire d'État à la Guerre, Henry Stimson.

1910 : PATTON DÉCOUVRE L'EUROPE

Par ses lectures, Patton connaît l'Europe, du moins ses illustres hommes de guerre. S'il aime se plonger dans les récits de Napoléon, il ne néglige pas pour autant les écrits de ses contemporains, qu'ils soient Allemands, Britanniques ou Français. En 1910, Patton épouse Béatrice. La destination de leur voyage de noces est l'Europe : la Grande-Bretagne, terre de ses ancêtres, et la France, dont Paris et la Normandie, région que le destin lui donnera l'occasion de revoir, dans d'autres circonstances.

1912 : PATTON AUX J.O.

Patton est un sportif accompli. Cavalier hors pair, il se distingue lors de sa dernière année à West Point, établissant notamment un nouveau record du 200 mètres haies. Escrimeur patenté, il est également un excellent tireur. Pour les J.O. de Stockholm, en 1912, il est sélectionné par l'armée pour faire partie du corps des officiers. Il s'aligne au pentathlon moderne, soit un combiné entre l'escrime, la natation, l'équitation, le cross et le tir. Il termine respectivement 3e, 6e, 3e, 3e et 20e. Pour expliquer cette contre-performance au tir, il affirmera que ses balles sont toutes passées dans le même trou, n'étant en définitive comptabilisées qu'une seule fois. Au classement général final, Patton termine 5e. Il devait théoriquement participer aux J.O. de Berlin prévus en 1916 qui, pour cause de guerre, ne furent pas organisés.

Bandit killer : l'officier fourbit ses armes

Patton, grâce à ses relations, se fait muter au 8e de cavalerie. Un événement fondamental dans la construction du futur héros. Là, il est sous les ordres d'une institution : le général Pershing, « Black Jack ». Ce général ne badine pas avec la discipline et les conventions militaires : on salue de façon réglementaire, les uniformes se doivent d'être impeccables. Patton est dans son élément. « Black Jack » incarne pour le jeune officier tout ce que doit être un meneur d'hommes. L'illustre général le lui rend bien au point d'en faire un de ses aides de camp. Le 8e de cavalerie est basé à Fort Bliss, dans le Texas, à une encablure de la frontière mexicaine. Le Mexique est justement en proie à une guerre civile. Un autre homme de légende croise la route de Georgie : Pancho Villa. Tout comme Patton plus tard, Pancho Villa perçoit toute la puissance des médias. C'est ainsi qu'il signe un contrat avec une société de cinéma lui garantissant l'exclusivité de filmer ses combats ! Pancho Villa est remonté contre les Américains, surtout depuis que ces derniers ont reconnu le gouvernement de Carranza, celui qui est devenu son ennemi juré. Pancho Villa fait exécuter plusieurs citoyens américains établis au Mexique. En mars 1916, sans doute à la suite d'un marché avec le Kaiser, l'empereur Guillaume II, voulant créer de l'agitation aux USA dans le but de les détourner des affaires européennes, Pancho Villa attaque avec ses hommes la ville de Columbus, au Nouveau-Mexique, sur le territoire même des États-Unis ! Deux jours après, le président Wilson mandate Pershing pour organiser une expédition punitive. On sent Patton excité, il va connaître l'épreuve du feu. Pourtant, son régiment n'est pas prévu dans l'ordre de marche ! Patton ne s'en laisse pas compter et fait le pied de grue devant le bureau de Pershing pour « en être ». Malgré une traque effrénée, Pancho Villa passe dans les mailles du filet : les Américains ne le captureront pas. Malheureusement pour lui, Patton n'est pas associé aux raids et à la chasse à l'homme au Mexique. Sa mission est logistique : il doit trouver du fourrage pour les chevaux. Lors d'une de ces recherches, Patton et ses quelques hommes prennent la liberté de ne pas se rendre dans la ville où ils devaient se ravitailler. Ils optent pour un ranch, San Miguelito. On pense que des rebelles, proches de Pancho Villa, s'y trouvent. Nous sommes le 14 mai 1916. Patton a eu le nez fin : des rebelles sont bel et bien présents dans la bâtisse. Le combat s'engage. Patton tire, tire et tire encore. Un rebelle est tué : « Il était à 10 mètres et nous l'avons criblé de balles jusqu'à ce qu'il s'effondre comme une poupée de chiffon », note-t-il. Deux autres hommes sont tués, dont Julio Cardenas, membre de la garde prétorienne de Villa ! « Nous lui avons brûlé la cervelle d'une balle en pleine tête. » Faute d'avoir la tête de Pancho Villa, cet événement apparaît comme un très beau lot de consolation pour les Américains. La presse s'en empare. Le *New York Times* titre sur l'affaire. Patton, lui, se voit affubler d'un surnom – ce ne sera pas le seul –, celui de *Bandit killer.* La légende est en marche.

L'HOMME AUX COLTS EN IVOIRE

C'est à l'époque de l'affaire mexicaine que Patton troquera son arme réglementaire contre des colts. Une plongée dans la mythologie de la conquête de l'Ouest et des cow-boys. Rapidement, deux colts avec crosse d'ivoire l'accompagneront et ne le quitteront plus. Autre attribut indissociable de Patton : son casque. En décembre 1943, il note, dans une lettre à son épouse : « Je porte toujours mon casque lorsque je suis avec mes hommes. C'est mon symbole. » Pantalon et bottes d'équitation complétaient cette panoplie.

1914-1918, LE CAVALIER DEVIENT TANKISTE

«S'il avait seulement autant de sang qu'un pou en a dans le foie, le président déclarerait tout de suite la guerre à l'Allemagne.»

Patton, 1914

Les événements qui déchirent l'Europe en cet été 1914 ne doivent sans doute pas laisser de marbre le jeune officier qu'est Patton. On l'imagine aisément lire la presse, commenter les décisions des états-majors et sans doute les critiquer. Patton n'a qu'une envie dès ce mois d'août 1914 : partir en France. Mais voilà, les USA ne sont pas encore en guerre. Qu'importe pour lui. Il demande un poste d'observateur auprès de la cavalerie française. Ce sera refusé. Patton n'en peut plus. Il veut partir. Il ne manque, en outre, pas l'occasion de critiquer le pouvoir en place. Patton n'aime pas les politiques, surtout lorsqu'ils adoptent une position attentiste. Les affaires mexicaines détournent un peu Patton de cette guerre outre-Atlantique. Sur le plan politique, le torpillage du *Lusitania*, la guerre sous-marine et, surtout, le décryptage d'un télégramme entre l'Allemagne et le Mexique, télégramme promettant des cessions d'États américains au Mexique s'il déclarait la guerre aux USA, poussent le président Wilson à entrer en guerre. Nous sommes en avril 1917. À la tête du corps expéditionnaire américain figure « Black Jack », le général Pershing. Patton, sous le grade de capitaine, intègre son état-major comme aide de camp. La guerre, la vraie, pas celle des raids mexicains, simples escarmouches, s'ouvre à Patton. Il débarque en France avec le premier contingent. C'est la liesse populaire, l'accueil triomphal. Mais Patton est venu pour se battre. Sans nul doute a-t-il en mémoire les exploits de Napoléon, les avancées de César ou les coups de Moltke en 1870. Cruelle déception. Pas un seul coup de feu n'est échangé. À la place, Patton assiste à des mondanités. Des mondanités qui l'ennuient profondément. Le sort s'acharne-t-il sur lui ? Pourra-t-il un jour combattre ? Georgie s'interroge. Il garde espoir cependant : « Tout marche bien sauf la guerre et c'est bien ce qui est stupide. Espérons que cela sera plus intéressant lorsque nous commencerons à nous battre », écrit-il dans ses notes. Ce qu'il aime, ce sont les allers-retours vers les lignes de front, en compagnie de « Black Jack ». Le reste est pour lui une usante routine alors que l'on se bat. Une routine dans laquelle l'administration prend trop de place. Il en devient allergique : « Ces foutus Français nous emmerdent avec un tas de détails idiots et j'ai beaucoup de mal à garder mon sang-froid. » Il faut à Patton de l'action. C'est l'apparition d'une nouvelle arme de guerre, le « tank », nom utilisé par les Anglais pour brouiller les espions allemands, qui va lui ouvrir une nouvelle porte.

L'expérience de la Première Guerre mondiale Patton découvre les chars

« Ce Français est cinglé, les chars ne valent rien ! »

Patton, 1917

Patton est le premier officier américain à avoir cru aux blindés. À juste titre d'ailleurs. Pourtant, ses premiers contacts avec cette arme sont loin d'être bons. Patton n'est pas convaincu. Pas du tout même. En Angleterre, c'est Churchill qui donne son accord pour que l'on explore les possibilités d'une telle arme. En France, le général Estienne est convaincu de l'avenir des blindés. Sur le continent, Pershing mandate un officier pour étudier ces véhicules blindés. Le rapport n'est pas positif : on les juge trop vulnérables et de très peu d'utilité pour l'infanterie. Patton est du même avis : « Un officier français passionné de tanks m'a bassiné pendant des heures avec des contes de fées et au sujet de la valeur de ces petits jouets qui, prétendument, gagneront la guerre. Ce Français est cinglé, les chars ne valent rien ! » commente-t-il. S'il n'adhère pas, pour l'instant, à l'importance des chars, Patton y voit cependant l'occasion de passer à l'action. C'est ce qui, pour lui, est le plus important. Tout aussi importantes sont sa carrière et son envie de gravir les échelons. À son père, il écrit un véritable plan de carrière :

> Je crois qu'avec ma chance habituelle, je vais encore une fois retomber sur mes pieds. Ça semble en rapport avec mon destin et mon nom. Il y aura des centaines de commandants d'infanterie, mais un seul de chars. Voici comment les choses pourraient se dérouler : premièrement, nous ouvrons une école de tanks.

> Deuxièmement, ils organisent un bataillon et je le commande. Troisièmement, si je m'y prends bien, si les tanks sont efficaces et si la guerre dure, je me retrouve à la tête d'un régiment. Quatrièmement, avec les mêmes conditions que précédemment, je termine la guerre à la tête d'une brigade et j'ai mon étoile de général.

Il demande à Pershing d'être affecté au corps de blindés, un corps en pleine création. La veille de ses 32 ans, « Black Jack » accède à sa demande. Direction la Picardie et le camp d'entraînement de Champlieu où Patton devient le premier officier tankiste de l'histoire de l'armée des États-Unis. C'est loin d'être le Nirvana. « Je vais maintenant jouer au *tank games* ! » écrit-il, avec un léger brin d'ironie, à sa femme. Son opinion sur ces tanks change cependant. Il se familiarise avec ces machines, notamment avec le célèbre Renault FT-17, sans doute le plus abouti des blindés du premier conflit mondial. Patton pilote, tire, comprend. Ce séjour picard lui permet également de faire des rencontres intéressantes. Il échange avec le Français Estienne, avec le colonel britannique Fuller. Tous sont convaincus que le tank pourra faire la différence, qu'il est en train de devenir l'arme du futur. Tous auront l'occasion de le voir à l'œuvre quelques semaines plus tard. Avec plusieurs centaines de blindés, les Britanniques, en cette fin novembre 1917, percent les positions allemandes non loin de Cambrai. Georgie est aux premières loges et assiste à l'attaque. On devine son excitation. Si, dans un premier temps, cette percée est une réussite, les pannes ont vite raison des tanks. Les Allemands reprennent le terrain perdu. Mais, pour Patton, l'important n'est pas là. Il doit sans doute se dire que l'arme fait sa maladie de jeunesse, qu'elle pourrait être employée d'une façon différente, combinée avec d'autres armes, comme l'aviation. Il en est maintenant convaincu :

le blindé a du potentiel, c'est même là que se situe l'avenir. Fort de ses constats, de ses observations et, sans doute, de ses idées, il rédige à l'attention de Pershing un rapport sur l'emploi des blindés. Il y imprime déjà une révolution. Alors que l'on pense, dans les états-majors, que le tank est là pour protéger l'infanterie, Patton pense déjà qu'il peut devenir une arme autonome, chargée de percer la ligne de front et, ainsi, prendre l'ennemi à revers pour l'anéantir. « Black Jack » est non seulement impressionné, mais également emballé. En ce début d'année 1918, il crée le *Tank Corps*. Pour l'écolage des futurs tankistes, Patton prend la direction de la *Light Tank School*. Si tout est clair dans la tête de Georgie, les différends entre Alliés, les retards dans la production grèvent considérablement l'installation de cette école de blindés. Patton, et cela sera toujours le cas tout au long de son existence, s'informe. Il recueille les impressions des tankistes, des fantassins. Il se fait une idée claire de ces tanks. Y alliant déjà l'importance du camouflage et l'enjeu que pourrait donner l'utilisation nocturne des blindés. Le 28 avril 1918, Patton accède au grade de lieutenant-colonel alors que le 1er bataillon de chars légers est créé, dont la devise sera : « Traitez-les à la dure ! »

UN INSIGNE POUR TOUJOURS

Toutes les divisions blindées américaines, les *armored divisions*, possèdent un insigne commun : le triangle sur lequel vient se superposer le numéro de l'unité. Ce triangle com porte trois couleurs : le bleu et le rouge, rappel du drapeau américain, et le jaune, couleur « historique » de la cavalerie aux USA. C'est là une création de Patton.

PRÉLUDE À L'ARMÉE FANTÔME

Pour pallier l'absence de chars dont la livraison tarde, Patton ne manque pas d'imagination pour entraîner ses recrues. Il se sert notamment de charrettes agricoles qu'il fait modifier avec du bois, pour leur donner une forme de char. Ce « véhicule » peut emmener deux hommes... à condition que plusieurs autres le poussent ! Ces faux tanks servent à apprendre. Moins de trente ans plus tard, Patton dirigera une vraie fausse armée, chargée cette fois de tromper les Allemands sur le lieu du débarquement.

« Nous devons faire savoir à l'ennemi que les tankistes américains ne s'avouent jamais vaincus. »

Patton à ses hommes, septembre 1918

Le « grand jour »

Le grand jour approche pour Patton. S'il semble confiant, il n'est pas rassuré. Il aurait voulu attaquer à sa manière, mais l'état-major réfute sa vision des choses. Il souhaitait que les fantassins s'entraînent avec les chars, ce qui est impossible. Enfin, il émet des craintes face à la météo. Il sait que, s'il pleut de trop, si le terrain est détrempé, l'avance des blindés, de « ses blindés », pourra être compromise. Avant d'envoyer ses tankistes au feu, il leur fait un discours. Un discours dont il a le secret, avec un sens très prononcé de la mise en scène. Debout sur un char, Patton lance :

> Du point de vue tactique, l'opération qui vous attend est facile. Souvenez-vous que vous aurez à vous frayer un chemin à travers les barbelés et à museler les mitrailleuses boches pour aider l'infanterie. Je ne veux voir aucun char se rendre ou être abandonné. Si vous vous retrouvez seul au milieu de l'ennemi, continuez à tirer. Si votre canon est enrayé, utilisez votre pistolet ou écrasez les Boches sous vos chenilles. Nous devons faire savoir à l'ennemi que les tankistes américains ne s'avouent jamais vaincus. C'est là notre chance de prouver ce que nous valons, celle pour laquelle nous avons travaillé si dur. Faites en sorte que tout cela ait valu le coup.

Le 12 septembre 1918, l'offensive est lancée. Elle vise à réduire un saillant de Saint-Mihiel. Patton suit de près l'offensive. De très près même, puisqu'il rejoint ses chars, allant jusqu'à monter sur le dernier encore en état de combattre, pour haranguer son pilote. Il est aux avant-postes. Une contradiction avec l'enseignement reçu à West Point, là où l'on enseigne qu'un officier est plus efficace à l'arrière de ses hommes. Cette première expérience au combat permet à Patton de jauger non seulement ses soldats, mais également le matériel. S'il n'abandonne pas la collaboration des tanks et des aéronefs, c'est un autre problème qui le hante. Il est purement technique : les tanks manquent de pièces détachées et les pannes sèches sont fréquentes. Patton est conscient que le ravitaillement doit suivre, mais, pour pallier les pannes sèches, il fait attacher des fûts d'essence à l'arrière des blindés. Le tank devient un brasier en puissance ! Mais pour lui, mieux vaut que quelques chars brûlent (en ce compris l'équipage) plutôt que de voir toute l'unité stoppée dans son avance par une panne sèche ! Pour les problèmes de moteur, Patton remplit un char de pièces détachées, d'outils pouvant dépanner *in situ* un tank en difficulté. Des mécaniciens accompagnent ce véhicule.

PATTON VS MACARTHUR

Avant l'attaque, Patton avait insisté pour que les fantassins, notamment ceux de la 42e, qu'il trouvait non aguerris, subissent un entraînement avec des blindés. Il ira même investir le QG de l'unité pour présenter ses vues. Sa venue irrite les officiers présents. Parmi eux, le chef de cette 42e brigade, un certain Douglas MacArthur. Pendant les combats de Saint-Mihiel, les deux officiers se croiseront. Le récit qu'ils font des événements et du comportement de l'autre est plus que différent. MacArthur glisse que « Patton avait peur » alors que lui-même observait les combats en fumant une pipe !

Patton blessé

«J'ai ressenti une affreuse douleur à la jambe. J'ai encore pu marcher une trentaine de mètres puis mon membre s'est écroulé sous mon poids.»

Patton à son épouse, 1918

Après Saint-Mihiel, les Alliés décident de frapper un grand coup au nord de Verdun. L'offensive, baptisée « Meuse-Argonne », mettra un terme à la Première Guerre mondiale. C'est également le plus beau fait d'armes de l'armée américaine de cette Grande Guerre. Les troupes US ayant pris part à la réduction du saillant de Saint-Mihiel doivent rejoindre le futur secteur des opérations. Une gageure. Pour organiser ce défi logistique, un jeune colonel est nommé : George Marshall. L'offensive débute le 25 septembre 1918. Patton en est. D'abord comme observateur avant de s'engager dans la mêlée. Les combats font rage. Les Allemands résistent. Patton constate, suivant ses dires, que les fantassins ont peur. « Certains sanglotent », explique-t-il, avant de constater que plusieurs de ses chars sont embourbés. Il intime l'ordre de les dégager. À son épouse Béatrice, il relate ces faits :

> Quelques-uns de mes tanks étaient bloqués le long d'une tranchée. Aussi ai-je demandé aux fantassins de leur dégager un passage. Je crois bien qu'à cette occasion, j'ai tué un homme, un soldat qui ne voulait pas creuser et sur le crâne duquel j'ai violemment frappé avec une pelle de tranchée. Nos gars étaient comme fous, ils avaient une peur bleue de se faire tirer dessus.

Sans doute adepte de l'adage que « l'exemple vient d'en haut », Patton s'avance et crie à l'attention des Allemands : « Allez-y, vous ne pouvez pas m'atteindre ! » Une fois les chars dégagés, il ordonne à l'infanterie de passer à l'attaque : « J'ai hurlé, juré et je les ai menacés avec ma cravache pour les forcer à se lever. » Le bruit de la mitraille vient de partout. Patton poursuit son avance.

> Nous n'étions plus que trois à courir. On pouvait voir les mitrailleuses juste en face de nous. [...] L'un de nous est tombé au sol, mortellement touché par une rafale. Quant à moi, j'ai ressenti une affreuse douleur à la jambe. J'ai encore pu marcher une trentaine de mètres puis mon membre s'est écroulé sous mon poids.

Patton est sauvé par un certain Joe Angelo. Les routes des deux hommes se croiseront de nouveau moins de quinze ans plus tard. Patton est emmené à l'hôpital : «La balle était entrée dans ma jambe gauche avant de ressortir à moins de 5 centimètres de mon rectum.» La plaie a été infectée et la gangrène est évitée de justesse. Patton revient à la une de l'actualité. Il est considéré comme un héros. La presse s'intéresse à lui. Après une convalescence de quelques semaines, Patton apprend qu'il pourrait être affecté à l'armée d'Occupation en Allemagne. Il y voit une voie de garage. Et donc, il n'en veut pas. Il fait jouer ses relations et écrit à «Black Jack» Pershing. On ne sait si Patton connaissait la fable de La Fontaine, *Le Corbeau et le Renard*, mais la conclusion de sa lettre en est en tout cas digne : «J'ai modestement essayé de modeler mon personnage sur le vôtre et les quelques succès que j'ai remportés ne sont dus qu'à votre inspiration.» En mars 1919, c'est le retour vers les États-Unis. Il est accueilli en héros, notamment par la presse.

PARTIE 2

PATTON AVANT LA BATAILLE DES ARDENNES

D'UNE GUERRE À L'AUTRE

Les lendemains difficiles

Sous les feux des projecteurs encore pour un court instant, Georgie est contraint de reprendre une vie normale, certes militaire, mais normale. L'odeur de la poudre, la fureur des combats sont maintenant de l'histoire ancienne. Les États-Unis retournent dans leur isolationnisme. Le président Wilson, ayant « oublié » de s'adjoindre les votes de deux tiers des sénateurs pour faire ratifier le traité de Versailles voit ce dernier rejeté. Les USA se désintéressent complètement des affaires européennes, comme si la Grande Guerre n'avait été qu'une parenthèse. Les budgets militaires se réduisent comme peau de chagrin. Alors que Patton rêvait d'affiner sa vision des chars et d'entraîner des tankistes, il voit son projet s'étioler. Il en veut aux politiques. La chose n'est pas neuve dans son chef. À sa sœur, il écrit :

> Le pays et l'armée sont dans un désordre de tous les diables et ce n'est pas prêt de changer. Nous sommes comme des gens descendant une superbe rivière sur un confortable bateau et qui, entendant au loin le vacarme

> d'une cascade qui ne tardera plus à les engloutir, veulent se persuader que c'est seulement le bruit du vent dans les arbres. Nous sommes en train de nier les leçons de l'Histoire. Même les plus éclairés de nos politiciens sont aveuglés et se bercent d'illusions.

Au retour de France, après avoir été rétrogradé, Patton est affecté un temps à Washington avant de migrer vers Fort Meade dans le Maryland. Avec sa famille, il vit confortablement. Une rencontre va marquer la suite de sa carrière. Son voisin dans la base est un certain Dwight David Eisenhower, commandant du *Tank Training Center* en 1918. Les épouses des deux hommes s'entendent bien. Et les deux officiers, eux, sont convaincus que les blindés ont un avenir. Patton enchaîne plusieurs affectations dans cette entre-deux-guerres. C'est lors d'une de ces dernières, à Honolulu, sur l'île d'Hawaï, qu'il sympathise et se lie d'amitié avec un autre officier, Omar Bradley. Ces mutations ne l'enchantent guère. Patton est hanté par l'arme blindée. Il écrit dans des revues spécialisées, se bat pour faire reconnaître cette arme. Il affine, peaufine au point d'irriter ses supérieurs. Mais, à son grand regret, aucun conflit ne se dessine. Le décès de son père, en 1927, et celui de sa mère, en 1929, vont profondément l'attrister, le plongeant dans la déprime.

Joe Angelo, manifestant

Patton le concédera : cette action a sans doute été la pire de sa vie. Pourtant, fidèle officier, il note qu'il a obéi aux ordres. Plus tard, analysant la situation, il glisse que, sans cette intervention, les émeutes auraient explosé. Que s'est-il passé ? En 1929, la Bourse de Wall Street s'écroule, entraînant avec elle les économies étroitement liées à celle des USA depuis le premier conflit mondial. Aux États-Unis, le président Hoover se veut optimiste, pensant que les effets de la crise vont se résorber très vite. Cependant, il est contraint à quelques mesures d'austérité. Parmi ces dernières, il bloque les pensions des vétérans de 14-18, un blocage prévu jusqu'en... 1945. Ces vétérans s'installent alors à Washington avec leurs familles dans des camps de fortune. Nous sommes en 1932. Un vétéran de la Grande Guerre est tué. Les esprits s'échauffent. Hoover demande à MacArthur, chef d'état-major, Eisenhower et Patton de disperser les manifestants. La troupe charge, faisant trois morts et de nombreux blessés. Dans la foule des opposants se trouve un certain Joe Angelo, soldat qui avait sauvé la vie de Patton en France, lors de l'offensive « Meuse-Argonne ». Évidemment, la presse ne rate pas cette occasion : elle fustige l'attitude de Patton qui n'a pas hésité à utiliser la force contre son sauveur. Patton laisse couler. Hoover, lui, perd son mandat présidentiel, remplacé par Franklin Roosevelt.

PATTON INVENTEUR

Si Patton est un théoricien, un analyste, il est également un inventeur. Après les J.O. de Stockholm, de passage à Saumur, en France, il rencontre un maître d'armes. À son retour, fort de ces enseignements, il met au point un sabre droit et non plus courbé. Cette arme, adoptée par l'armée américaine, porte le nom du futur général : « sabre modèle 1913 Patton ». Après la Première Guerre mondiale, il rencontre, à Washington, John Walter Christie, constructeur automobile, mais également de chars. Avec lui, Patton met au point un système de tourelle de mitrailleuses pour les tanks. Malheureusement, les coupes budgétaires en empêchent la production. Lorsqu'il rejoint la 2e division blindée, il imagine la tenue du tankiste, le casque étant inspiré de celui du footballeur américain. À titre posthume, après 40-45, une série de chars américains sera baptisée «Patton» et utilisée par de nombreuses troupes de l'OTAN.

Une guerre se prépare

Le traité de Versailles limite le nombre d'hommes de l'armée allemande à cent mille. L'arrivée d'Hitler au pouvoir va changer la donne. Non seulement l'Allemagne réarme, mais elle repense la guerre. Hitler a combattu en 14-18, c'est «l'expérience de sa vie». Il a ainsi constaté les échecs de l'armée allemande, même s'il met les politiques en cause dans cette défaite, adepte de la fameuse théorie du «coup de poignard dans le dos», expliquant que le gouvernement allemand a abandonné son pays en signant l'armistice. Autour d'Hitler, on retrouve une série d'officiers qui, eux aussi, ont combattu pendant la Grande Guerre. Ces officiers repensent les méthodes de combat, élaborent des tactiques mettant en avant l'utilisation combinée des chars et de l'aviation. Dans la seconde moitié des années 1930, Heinz Guderian compile ses idées dans un livre, *Achtung-Panzer!* Guderian pense ce qui sera, quelques mois plus tard, appelé la *Blitzkrieg,* la guerre éclair. Elle sera la base des succès des armées allemandes en 1939-1940. En France, un officier, blessé à Dinant en 1914, milite pour l'utilisation des chars d'assaut. Avant Guderian, il publie *Vers une armée de métier.* Dans cet opus, l'officier, qui n'est autre que Charles de Gaulle, prône une professionnalisation de l'armée de son pays. Il voit également la nécessité du mouvement dans la guerre moderne, ce mouvement ne pouvant être impulsé que par des corps de blindés propres. En Grande-Bretagne, des voix s'élèvent également pour l'usage des blindés. Et aux États-Unis ? Les coupes budgétaires au sein de l'armée ont produit leurs effets. Le nombre d'effectifs a considérablement chuté. Et que dire du matériel : il est vieillissant et n'est plus adapté à ce que pourrait être une guerre moderne. Patton s'intéresse aux différents événements européens. Les théories développées outre-Atlantique le passionnent. De surcroît, la conception de mettre en rapport tanks et avions, Patton l'avait imaginée en 1917, en France. Il écrivait à l'attention du général Pershing dans son mémorandum consacré à l'utilisation des blindés :

> Le plus grand danger pour les tanks, ce sont les tirs directs des pièces antichars, surtout lorsqu'elles sont embossées sur les flancs de l'assaut blindé. Dans chacun des secteurs d'opération des chars, il pourrait y avoir un aéronef, dont la mission consisterait à voler à basse altitude pour repérer les canons antichars. L'observateur transmettrait par radio la position du canon ennemi à une batterie d'artillerie ou la lui signalerait par fumigène et les artilleurs pourraient alors traiter la menace avec des obus explosifs.

À la lecture de *Achtung-Panzer!*, Patton écrit ce qui sera une des bases de sa doctrine et de ses visions des champs de bataille :

> Plus courte est la bataille et moins d'hommes sont tués [...] plus grande est la confiance des soldats. Pour que la bataille soit courte, les chars doivent avancer rapidement, mais sans précipitation [...]. Les officiers doivent commander depuis la ligne de front. Les forces mobiles doivent être utilisées

en groupements importants et vigoureusement conduites. Elles doivent tenter l'impossible et affronter l'inconnu.

Mais, si on assiste à un changement, lent, prudent, des mentalités en matière de blindés, si l'on excepte l'Allemagne bien entendu, ces années 1930, pour Patton, sont très difficiles. Il vit mal ses affectations, même s'il s'acquitte de sa tâche avec sérieux. De retour sur l'île d'Hawaï, il imagine une attaque japonaise sur... Pearl Harbor. Il écrit même un plan de protection de la base notamment avec la pose de matériel antitorpille, la multiplication des batteries de DCA et l'internement des citoyens japonais ou d'origine japonaise pour éviter une « cinquième colonne ». Ce rapport restera lettre morte. Georgie s'enfonce dans la dépression. Il boit beaucoup, est infidèle. Un coup de sabot de cheval qui dégénère a failli lui être fatal. Patton veut de l'action. À la veille de la Seconde Guerre mondiale, Georgie commande le 3e régiment de cavalerie à Fort Myer. Il y rencontre et offre l'hospitalité au chef d'état-major George Marshall, ce même Marshall qui avait contribué aux succès américains en France en 1918. Les deux hommes ont vu les images venues de Pologne. Ils se rendent compte non seulement de la puissance de feu allemande, mais également du retard que l'U.S. Army a pris si elle devait intervenir. Ce qui n'est pas encore à l'ordre du jour.

Naissance de la force blindée

«Tout ce qu'il nous faut,
c'est une guerre bien juteuse.»
Patton, juillet 1940

Le 9 mai, veille de l'entrée des troupes allemandes en Belgique, de grandes manœuvres sont organisées aux États-Unis. L'arme blindée y prouve toute son efficacité. Patton jubile. Il en profite pour décocher plusieurs flèches aux officiers de cavalerie : « Ils ont cru possible de mener les combats depuis leurs Q.G., en se contentant d'étudier des cartes et en passant des coups de téléphone se croyant encore dans une guerre statique comme celle de 1918 », écrit-il. Et de poursuivre :

> Ils ont perdu faute de pugnacité et parce qu'ils ne commandaient pas vraiment leurs hommes : leurs ordres parvenaient aux troupes avec un retard si important qu'ils étaient déjà caducs avant même d'être exécutés. Un chef doit être sur la ligne de contact. Il doit observer, décider et agir.

La presse, également, semble découvrir l'utilité des chars et l'état de l'armée américaine. À la mi-mai, le *New York Times* titre « Panzers for us too », soit « Des panzers pour nous aussi ». Pour la première fois, les tanks semblent faire l'unanimité. Presque incrédule, la population américaine assiste à une débâcle française incroyablement rapide en juin 1940. En France justement, ou plutôt de Londres, Charles de Gaulle, dans son message du 18 juin, tire les enseignements de cette défaite, rappelant, indirectement, ce qu'il écrivait quelques années plus tôt :

> Certes, nous avons été, nous sommes, submergés par la force mécanique, terrestre et aérienne, de l'ennemi. Infiniment plus que leur nombre, ce sont les chars, les avions, la tactique des Allemands qui nous font reculer. Ce sont les chars, les avions, la tactique des Allemands qui ont surpris nos chefs au point de les amener là où ils en sont aujourd'hui.

Peu avant la mi-juillet, l'*armored force,* littéralement la « force blindée », est portée sur les fonts baptismaux. Les postes sont à pourvoir. Patton hérite du commandement de la 2e brigade de la 2e division blindée. Il gravit les échelons pour devenir, en 1941, commandant de cette 2e division dont la devise sera « Hell on wheels », l'enfer sur roues. Elle s'illustrera, trois ans plus tard, lors de la campagne des Ardennes, sur le flanc nord. Notons, pour l'anecdote, qu'en 1975, c'est Georges Patton, 4e du nom, fils de Georgie, qui commandera cette unité. Marshall est convaincu d'avoir fait un bon choix en plaçant Patton à ce poste. Il cerne d'ailleurs très bien la personnalité de l'officier : « Il serait capable de conduire une unité contre vents et marées s'il en recevait l'ordre. Il sera opportun de lui confier un corps d'armée blindé dès que possible. » Marshall se souvient de Patton, qu'il a vu à l'œuvre pendant la Première Guerre mondiale : « Patton est de loin le meilleur tankiste de l'armée. » Le seul problème qu'il décèle chez lui, c'est son tempérament : « Je me rends compte qu'il est parfois difficile à gérer, mais je sais comment le prendre. » Le général a cependant une crainte : « Lorsque Patton sera engagé au combat, il conviendra tout de même de garder un œil vigilant sur lui, car c'est un vantard, toujours prêt à se donner en spectacle.» Patton, quant à lui, impose une discipline de fer aux hommes dont il a la charge. Rien n'est laissé au hasard. Rien ne passe. De l'ordre, et encore de l'ordre.

UNE GRANDE IDÉE DE LA DISCIPLINE

Patton accorde à la discipline une importance capitale. En 1918, il lance : « Le manque de discipline dans une partie de football peut déboucher sur une perte de terrain. Le manque de discipline à la guerre signifie la mort ou bien la défaite, celle-ci étant bien pire que la mort. La raison pour laquelle les Boches ont survécu aussi longtemps, c'est qu'ils sont disciplinés. C'est seulement grâce à la discipline que vos efforts et votre patriotisme ne seront pas vains. Sans elle, l'héroïsme est futile. Vous mourrez pour rien. En étant disciplinés, vous serez irrésistibles. »

Patton est remarqué. Les inspections de son unité se concluent par des rapports positifs, voire élogieux. Il multiplie les manœuvres de grande envergure. Ayant suivi des cours de pilotage, il obtient son brevet. Du ciel, il suit l'évolution des troupes au sol et parfait sa stratégie. Il ne veut rien laisser au hasard. Mais la mise sur pied de cette force blindée est une chose. Patton en veut une autre : le combat, le vrai. Il est, de plus, obsédé par un général allemand : Erwin Rommel. Il suit ses exploits, se documente, se renseigne sur lui et ses méthodes. Patton n'hésite pas à l'affubler du terme de « fils de p... » et il n'a qu'une envie : se confronter à lui. Se souvenant de sa jeunesse et des récits homériques faits au ranch familial, il voit, dans ce combat, le « choc des titans ». Malheureusement, jamais ces deux grands chefs de guerre, de la guerre blindée, ne s'opposeront sur le terrain.

> Histoire de garder la main sur le maréchal Rommel, j'ai tué un ou deux lapins chaque jour au pistolet, dont l'un à quatre-vingt-dix pas – avec de la chance, il faut bien le dire – mais d'une façon générale, j'ai été plutôt verni.

Le 7 décembre 1941 est, pour les Américains, « un jour à jamais marqué du sceau de l'infamie » pour reprendre les termes du président F.D. Roosevelt. Les Japonais viennent d'attaquer la base navale de Pearl Harbor. Quatre jours après l'attaque japonaise, l'Allemagne et l'Italie déclarent la guerre aux USA.

"BLOOD AND GUTS"

Les officiers américains sont souvent affublés de surnoms. Patton n'échappe pas à la règle. Il deviendra "Blood and guts", soit « sang et tripes ». L'origine vient d'une conférence de presse où Patton s'exprimait sur les unités blindées. Pour lui, deux paramètres, à savoir le sang (blood) et le cerveau (brain), sont indispensables à tout bon tankiste. Un journaliste présent retranscrit mal sa déclaration. "Blood and guts" était né. Parfois, avec la variante de "old blood and gust » ou encore "old man".

PATTON, DE L'AFRIQUE À L'ITALIE

«Rappelez-vous que les Français ne sont ni des nazis, ni des Japonais.»

Patton à ses hommes, à la veille du débarquement en Afrique du Nord

En janvier 1942, Patton crée le *Desert Training Center* dont l'objectif est d'entraîner les troupes aux conditions extrêmes que représente le désert. En Union soviétique, les Allemands connaissent leurs premiers revers. Mais Staline, pour alléger ses troupes, demande l'ouverture d'un second front. Ce sera l'opération *Torch*, soit le débarquement allié en Afrique du Nord. Afrique du Nord qui connaît l'affrontement entre les troupes britanniques et celles de l'*Afrika Korps*. L'*Afrika Korps*, c'est Rommel. C'est justement pour le mettre hors de la région que l'opération est décidée. Et Patton se met à rêver à ce combat contre ce génie militaire allemand. En attendant, Georgie entraîne ses recrues dans le désert. Au futur général Craig, il écrit :

> J'ai eu une vie passionnante ici et, pour une fois, j'ai fait autant de travail tactique que j'en avais envie ; il y a aujourd'hui vingt-trois jours que nous sommes là et nous avons fait treize exercices majeurs dont certains comprenaient deux nuits dans le désert. Notre plus gros problème est celui des jeunes officiers qui n'ont pas assez d'expérience pour avoir confiance en eux-mêmes. Ce problème doit être le même partout, mais je pense que l'usage énergique d'une chaussure bien cirée dirigée contre leur derrière devrait les amener à faire autre chose que de rester assis sur leurs fesses !

Patton est chargé de la planification de l'opération *Torch*, sous le contrôle de Dwight Eisenhower. Les troupes US doivent débarquer dans des territoires français, fidèles au régime de Vichy. La réaction de ces derniers sera déterminante pour la suite de l'opération. Haranguant ses soldats peu avant ce débarquement, le 8 novembre 1942, Patton lance :

> S'il est regrettable d'avoir à envisager de se battre contre les vaillants Français auxquels va toute notre sympathie, il n'en reste pas moins que toute résistance, quelle qu'elle soit, devra être vaincue. Toutefois, si quelque soldat français accepte de se rendre, sa reddition devra être acceptée et il devra être traité avec le respect dû à un adversaire et à un futur allié. Rappelez-vous que les Français ne sont ni des nazis, ni des Japonais.

Le reste de son ordre du jour est presque devenu traditionnel dans le chef de Patton, entre la protection divine et le sort de l'humanité, tout semble écrit :

> Lorsque le grand jour de la Bataille arrivera, rappelez-vous ce que l'on vous a appris et souvenez-vous surtout que la vitesse et la force de l'attaque sont les conditions du succès – et que vous devez gagner – car battre en retraite est aussi peu courageux que

> dangereux. En fait, une fois débarqués, toute retraite sera impossible. Un Américain ne se rend pas [...]. Le monde entier a les yeux fixés sur nous. Le cœur de l'Amérique bat pour vous. Dieu est avec nous. Il dépend de notre victoire que l'humanité soit libre ou réduite à l'esclavage. Notre victoire est certaine.

Les Français accueillent les Alliés au canon. Patton s'énerve. Le lendemain du débarquement, il constate que, sur la plage, certains officiers ne sont pas à la hauteur. Il fulmine. Son humeur est exécrable. Les hostilités cesseront le 11 novembre. Patton se transforme même en diplomate, négociant le cessez-le-feu avec le général Noguès, fidèle de Vichy. L'affrontement avec les troupes italo-britanniques se poursuit. Mais Patton est déçu. Alors que l'on se bat, lui est cantonné au Maroc où il enchaîne les mondanités. Sa mission : entraîner les recrues avant de les envoyer au front, en Tunisie : «Je hais ce genre de boulot [...]. Je suis un guerrier», écrit-il.

LES LIONS TREMBLENT

Avec ces mondanités, Patton rencontre de nombreux notables et des personnes en vue. Il fait aussi la connaissance du sultan marocain. Ce dernier apprécie l'officier américain. Au point qu'il l'honore en lui conférant le titre de grand-croix – le plus haut titre – de l'ordre du Ouissam El Alaouite. La citation qui l'accompagne est éloquente : « Les lions dans leurs tanières tremblent en le voyant approcher. »

Patton se voit conférer l'organisation de la célèbre conférence de Casablanca, réunissant Churchill, Roosevelt, Giraud et de Gaulle. Georgie s'acquittera de sa tâche avec brio. Le 12 mars 1943, Patton gravit encore un échelon. Il devient général de corps d'armée. Trois jours avant, Rommel avait quitté, définitivement, l'Afrique du Nord. Patton en Afrique, c'est également la coexistence militaire avec les forces britanniques, une coexistence qui fait des étincelles. À plusieurs reprises, dans ses notes, auprès de ses supérieurs, Patton se plaint de l'attitude anglaise. Notamment lorsque ces derniers, suivant ses dires, ne remplissent pas leur partie du contrat, particulièrement pour le soutien aérien. L'anecdote est connue, mais elle donne une belle image de l'état d'esprit de Patton sous le soleil d'Afrique. En avril 1943, Patton voit débarquer à son Q.G. plusieurs officiers britanniques, chargés de « vider » ce contentieux. Un contentieux aggravé par un télégramme de l'Air Marshal Coningham indiquant que les troupes américaines « crient au loup » et, en substance, cachent derrière ce supposé manque d'appui aérien leur incompétence. « Ils commencèrent à parler de la supériorité aérienne alliée. À ce point de la conversation, quatre avions allemands survolèrent la rue à moins de 20 mètres d'altitude en mitraillant et en lâchant de petites bombes. Personne ne fut blessé », note-t-il dans son journal. Patton sort ses colts et tire en direction des avions. Il note peu après : « Si je pouvais retrouver les fils de p… qui pilotaient ces avions, je leur enverrais à chacun une médaille. » Cette vision des Britanniques ne le quittera plus. Il leur reproche de vouloir tirer la couverture à eux et ainsi obtenir tous les honneurs. Dans le collimateur de Patton se trouve Montgomery. Plus grave encore, Georgie est persuadé que Dwight Eisenhower, « Ike », favorise délibérément les Anglais. Dans un courrier, il note même que celui-ci utilise du jargon purement anglais, preuve pour lui qu'il leur est totalement inféodé. La réalité est bien différente. Si Patton est un chef de guerre, Ike est un bureaucrate, un fin renard et, surtout, un diplomate hors pair. Il sait *ménager la chèvre et le chou*, les susceptibilités. C'est ce qui, après la guerre, lui ouvrira les portes de la Maison-Blanche à deux reprises.

Le coup de Messine

Après l'Afrique du Nord, où ils sont devenus maîtres en mai 1943, les Alliés projettent de prendre position en Europe. Géographiquement, la Sicile est un marchepied idéal, la bonne tête de pont. Ce sera l'opération *Husky*. Patton est désigné commandant de la VIIe armée US. Et il compte bien régler quelques comptes. Non avec les Italo-Allemands, mais avec ses alliés britanniques. Cette fois, il est bien déterminé à passer à l'action et à se couvrir de gloire. Mais la chose n'est pas aisée. Les Anglais contrôlent la majorité des postes clés pour l'opération, et Patton estime encore et toujours que Ike est de leur côté. Dans un certain courrier, il parle de lui comme de la « divine providence » de Montgomery ! La nuit du 9 au 10 juillet 1943, le débarquement est lancé. Patton est en rage : « Le général Alexander a décidé que la Septième armée protégerait les arrières des Britanniques, plaçant ainsi les Américains dans un rôle secondaire qui n'est, ni plus ni moins, que la continuation du rôle qu'il nous a fait jouer tout au long de cette campagne », écrit-il dans ses carnets une semaine plus tard. Patton parvient à imposer certaines de ses vues à Alexander. Mais la partie n'est pas gagnée pour autant.

Patton joue et gagne. Il prend Palerme. Ce n'était pas prévu. Les Britanniques, eux, piétinent et l'annonce de la prise de la capitale de l'île par Patton irrite Monty. Sans doute avec un brin d'ironie, Georgie souligne dans ses notes :

> J'ai l'impression que les Anglais ont quelques difficultés dans la péninsule de Messine et qu'il se pourrait bien que nous devions aller les aider [...] Alexander ne se rend pas compte de la puissance et de la mobilité des troupes américaines. Nous pouvons nous déplacer deux fois plus vite que les Anglais, frapper plus fort qu'eux. Mais, pour conserver le prestige de l'Angleterre, le XXXe corps a été chargé de la manœuvre d'enveloppement et maintenant les Anglais se trouvent coincés.

Patton estime avec son ego particulier que la prise de Palerme a été un modèle du genre : « Je pense que les futurs stagiaires de l'École de Guerre étudieront la campagne de Palerme comme un exemple classique de l'emploi des blindés. » Après la prise de Palerme, Patton écrit à Eisenhower. Il se met en avant, détaillant cette campagne parfaite. Pour conclure, il note : « Encore une fois, merci pour l'aide que vous nous avez toujours apportée. Je suis comme toujours votre dévoué. » Patton est un homme de réseaux. Il sait que de Ike dépend son *cursus honorum*. Patton rencontre également Monty. « J'ai fait le premier pas », glisse-t-il. Les deux officiers se mettent d'accord sur leurs objectifs, mais chacun doute de l'autre. Ils pensent aux coups tordus, aux coups fourrés agencés par l'autre. L'objectif de part et d'autre est Messine. Patton veut prendre les Britanniques de vitesse, même si sa voie d'accès est difficile.

> Nous ne devons pas relâcher notre pression, elle est insupportable pour l'ennemi. Et puis, de toute façon, nous devons arriver à Messine avant la Huitième armée.

Les hommes de Patton sont exténués. La température, le relief rendent difficiles les combats. Diplomate, Patton souligne, le 1er août, dans son ordre général à la 7e armée :

> Avec nos camarades de la Huitième armée, nous abordons le dernier quart d'heure. Notre offensive doit demeurer irrésistible. L'issue des combats est proche et certaine. Messine est notre prochain objectif.

Patton agace ses supérieurs, qui trouvent que cet « enjeu patriotique » coûte plus cher qu'il ne rapporte, notamment en hommes. Mais, même lorsque des options de Patton sont refusées par la hiérarchie, ce dernier fonce. Il a confiance en sa bonne étoile. Il a raison. En août 1943, dans une lettre à son épouse, il écrit :

> Je crois que j'ai une espèce de sixième sens pour la guerre ainsi que la faculté de me mettre à la place de l'ennemi. En plus, je n'hésite pas à prendre des risques. La nuit dernière, je me suis souvenu des paroles de Frédéric le Grand : « L'audace, toujours l'audace. » Et aussi de celles de Nelson portant ses jumelles à l'œil qu'il avait perdu et disant : « Tout va bien, Messieurs. J'ai regardé, soigneusement, et je ne vois aucune raison de battre en retraite. Envoyez le signal de poursuivre l'attaque. »

Ce passage, il le reprendra dans son fameux discours à la Troisième armée, en juin 1944. Patton gagne la partie, non seulement face aux forces de l'axe, mais aussi face aux troupes britanniques. Il est le premier à entrer dans Messine en ce milieu du mois d'août. Il remercie Dieu au passage :

> Le Seigneur a été plus que généreux à mon égard. S'il me fallait refaire cette campagne, je pense que je la referais exactement de la même façon. Peu de généraux dans l'histoire ont pu en dire autant. Depuis que

cette guerre a commencé, je me suis toujours senti comme la brindille flottant sur le courant du destin.

UNE VISION DE SUDISTE

Sudiste dans l'âme, Patton a une vision bien particulière des populations qu'il côtoie. Voici ce qu'il écrit à une de ses connaissances lors de la campagne d'Italie : « Ce pays est vraiment abominable : climat, mouches, moustiques, relief et habitants. Le sergent Meeks, mon ordonnance noire, a très bien résumé la situation : "Lorsque vous et moi, dit-il, commandions le 5e régiment de cavalerie au Mexique, les Mexicains ne valaient pas grand-chose ; ensuite nous sommes allés au Maroc et les Arabes valaient encore moins que les Mexicains. Après cela, nous avons commandé le IIe Corps en Tunisie et c'était encore pire. On aurait pu croire qu'avec l'Algérie nous avions atteint le fond. Eh bien non, car ici où nous commandons une armée, les indigènes sont encore pires que les Algériens." Je pense qu'il a raison. »

«Je suis de plus en plus certain que ma mission est loin d'être achevée.»

Patton à son épouse

Des gifles, les vêpres siciliennes de Patton

Patton déguste, savoure sa victoire et le pied de nez fait à ses alliés anglais. Les félicitations affluent de partout, notamment des plus hautes sphères civiles et militaires américaines.

L'histoire, son histoire, va pourtant bientôt le rattraper. À une semaine d'intervalle, en ce début du mois d'août 1943, il va gifler des soldats dans des hôpitaux. Georgie se rend souvent dans ces derniers. Il estime, sans doute avec raison, que sa visite est de nature à réconforter les blessés, à leur rendre le moral. Mais Patton a, par-dessus tout, une aversion pour ceux qu'il considère des « planqués » ou des tire-au-flanc. Dès la Première Guerre mondiale, il ne supporte pas ceux qui ne veulent pas combattre, ceux qui se réfugient derrière des motifs qu'il estime futiles pour éviter le front. Le 3 août, Patton passe des blessés en revue. À un soldat d'infanterie qui souffre d'épuisement, il lui demande ce qu'il a. Lorsque le soldat répond : « Je crois que je ne peux plus supporter cela », Patton entre dans une grande colère. Le rapport de l'incident, fait par un lieutenant-colonel des services de santé, est explicite : « Le général s'est aussitôt mis en colère, a traité le soldat de lâche, l'a frappé avec ses gants avant de l'attraper par le col et de le jeter hors de la tente. » Le 10 août, un autre incident du même genre intervient. Là, un soldat lui dit, en pleurant, que ses nerfs lâchent :

> Le général s'est alors mis à hurler : «Vos nerfs, menteur. Vous n'êtes qu'un sale lâche, espèce de fils de p...» Il a ensuite giflé le soldat en lui disant : «Arrêtez de pleurer, je ne veux pas vous voir en train de chialer assis à côté de ces braves gars qui ont été blessés.» [...] Se retournant vers le médecin des entrées, il s'est mis à hurler : « N'acceptez pas ce sale bâtard. Il n'a absolument rien. Je ne veux pas que les hôpitaux soient encombrés par ces fils de p... qui n'ont pas assez de cran pour se battre. » Ces incidents remontent jusqu'à la hiérarchie. Patton reçoit un télégramme de Dwight Eisenhower. Ike ne peut le croire, le somme de s'expliquer et, en cas de faits avérés, de s'excuser auprès des soldats incriminés. Patton acquiesce et s'exécute. Il se réfugie derrière son expérience de la Première Guerre

> mondiale. Il compte s'excuser devant tous ses soldats. Ce qu'il fait. Mais le 30 août, devant la 3e d'infanterie, alors qu'il allait prononcer des regrets, ses soldats ont commencé à hurler : « Non, mon général, non, non, non, non… »

Patton est ému, au bord des larmes. L'incident est clos. Ike étouffe l'affaire. Patton a eu chaud, mais, en novembre, Drew Pearson, un journaliste, divulgue l'affaire des gifles aux USA. L'opinion publique est divisée. Les autorités également. Pershing, le vieil ami, condamne vigoureusement ces actes. Patton ne lui pardonnera jamais. Le secrétaire à la Guerre, une des relations de Georgie, Henry Stimson, le soutient, mettant en avant ses états de service et la plus-value qu'il donne à l'U.S. Army. En pleine tempête médiatique, Patton, qui ignore s'il sera rappelé aux USA et ainsi mis hors jeu, écrit à Béatrice, son épouse : « Personnellement, je suis persuadé que je suis loin d'être fini ; je suis de plus en plus certain que ma mission est loin d'être achevée. Je hais ce Drew Pearson. » Cette campagne italienne semble être pour Patton ses « Vêpres siciliennes », car d'autres affaires remontent à la surface, notamment celles d'exécutions sommaires de prisonniers. Patton n'en a pas la responsabilité directe, mais, en tant qu'officier, il en porte la responsabilité morale. Surtout que Patton s'est, sur une route de l'île, montré intransigeant face à un paysan. Il tue ses deux mulets sous prétexte qu'ils encombrent la route empruntée par ses chars. La presse a vent de ces affaires. Ike parviendra à faire pression, au nom de l'honneur de l'armée, et l'affaire n'aura pas de suite. Patton, lui, y voit une main extérieure :

> Il y a des moments où je me demande s'il n'y a pas une campagne dirigée de propos délibéré contre moi. Il est quand même anormal d'être mis en accusation après avoir gagné une campagne. Gay prétend que nos chers cousins britanniques sont derrière tout cela parce que j'ai ridiculisé Monty.

PATTON DÉBARQUE

Des soldats fantômes

Patton ne retrouvera une unité combattante que dans le second semestre de 1944. Au début de cette année, il apprend qu'il va commander la IIIe armée :

> Elle ne comprend que des novices et nous sommes placés en support de la Première armée de Bradley – ce qui est loin d'être parfait – mais mieux que rien. Enfin, j'ai une armée et c'est à moi de jouer. Pour autant que je m'en souvienne, c'est ma vingt-septième affectation depuis mon entrée à l'armée. Chaque fois, j'ai eu du succès. Celui-ci doit être le plus grand.

Patton se retrouve cependant dans la même situation qu'en Afrique. Il a le commandement d'une armée, mais cette armée est, à ce moment, une réalité de papier. Les recrues sont encore aux États-Unis et n'ont aucune expérience du feu. L'état-major américain sait que Patton est capable de transformer des hommes en véritables guerriers, à force de discipline et d'entraînement. Le fait qu'il ne soit pas au premier plan permet d'atténuer les critiques qui se sont fait jour après l'affaire des gifles. Patton est, de plus, devenu célèbre. Tellement célèbre que les Allemands s'intéressent à lui. Par ses services secrets, Ike le sait. Patton va donc servir de leurre. Il va diriger une armée fantôme. C'est l'opération *Quicksilver*, axe américain de l'opération *Fortitude*. Pour mettre tous les atouts de leur côté en vue du débarquement en Normandie, les Alliés vont intoxiquer les Allemands. Pour leur faire croire que le débarquement aura lieu dans le Pas-de-Calais et non en Normandie – objectif réel –, les Alliés constituent de fausses troupes. On y retrouve des chars gonflables, en carton-pâte. Un vrai décor de cinéma. Les émissions radio depuis cette vraie fausse armée sont nombreuses, histoire de faire croire aux Allemands que quelque chose d'important se prépare. Cerise sur le gâteau dans cette opération hors pair, on place le général Patton comme commandant de ces forces. Les Allemands mordent à l'hameçon. Ils maintiennent d'importantes troupes dans le Pas-de-Calais, attendant les troupes de Patton. Même après le 6 juin, ces troupes ne bougeront pas, convaincues que le vrai débarquement aura bien lieu dans le Pas-de-Calais. Elles ne feront mouvement qu'en août, soit deux mois après le *D-Day*.

« Le » discours d'une vie

« L'Amérique adore les vainqueurs. »

Patton, discours à la IIIe armée, juin 1944

Si Patton s'accommode tant bien que mal de ce rôle de fiction, il va avoir l'occasion de soigner son image et de se mettre en scène lors de son fameux discours de guerre. Un discours prononcé six fois entre mars et juin 1944 à l'attention de ses « boys » de la IIIe armée. S'il n'existe aucune trace écrite de cette allocution, des biographes comme Boris Laurent et Yannis Kadari l'ont reconstitué. Il est livré *in extenso*, véritable testament militaire de Georgie :

> Soldats, une rumeur court, de je ne sais quelle source, d'après laquelle l'Amérique voudrait rester en dehors de la guerre et ne pas se battre. C'est un tissu d'inepties. L'Amérique aime se battre par tradition. Tout vrai Américain aime l'aiguillon et le fracas de la bataille. L'Amérique adore les vainqueurs. Elle ne peut supporter les perdants. Elle méprise les couards. L'Amérique joue pour gagner. Et c'est pourquoi l'Amérique n'a jamais perdu et ne perdra jamais une guerre. Vous ne serez pas tous tués. Dans une grande bataille, deux pour cent d'entre vous, tels que vous êtes là, seraient tués. Vous ne devez pas redouter la mort. De toute façon, elle viendra fatalement un jour ou l'autre pour chacun d'entre nous. Et tout homme est effrayé lors de son premier combat. S'il dit le contraire, c'est un sacré menteur. Certains sont peureux, mais se battent quand même et mettent leur frayeur à la porte d'eux-mêmes. Le véritable héros est l'homme qui se bat malgré sa peur. Certains y arrivent après une minute passée sous le feu ; pour d'autres, il faut une heure, pour d'autres encore des jours, mais un homme digne de ce nom ne laissera jamais la peur de la mort triompher de son honneur, de son sens du devoir envers son pays et envers l'humanité.
>
> Tout au long de votre carrière dans l'armée, vous avez protesté contre l'exercice et la discipline. Tout cela, comme le reste dans l'armée, a un objectif bien déterminé. Cet objectif, c'est l'obéissance instantanée aux ordres et le maintien d'un état d'alerte permanent. Ceci doit être infusé à tout soldat. Un homme doit être constamment sur ses gardes s'il veut rester

en vie. Sinon, quelque fils de p… allemand va surgir derrière lui avec une chaussette pleine de merde ! Il y a quelque part en Sicile quatre cents tombes parce qu'un seul homme dormait pendant sa faction… mais ce sont des tombes allemandes, c'est nous qui avons surpris ces bâtards endormis. Une armée est une équipe : on y vit, on y dort, on s'y bat, on y mange en équipe. L'étoffe du héros individuel n'est que du crottin de cheval. Les bâtards au teint bilieux qui rédigent ces sortes de papiers pour le *Saturday Evening Post* n'en savent pas plus sur ce qu'est une vraie bataille qu'ils ne savent trousser une fille ! Je crois que j'ai une espèce de sixième sens pour la guerre ainsi que la faculté de me mettre à la place de l'ennemi. En plus, je n'hésite pas à prendre des risques. La nuit dernière, je me suis souvenu des paroles de Frédéric le Grand : « […] l'audace, toujours l'audace », et aussi de celles de Nelson portant les jumelles à l'œil qu'il avait perdu et disant : « […] Tout va bien, Messieurs. J'ai regardé, soigneusement, et je ne vois aucune raison de battre en retraite. Envoyez le signal de poursuite de l'attaque. » Chaque homme personnellement dans l'armée a un rôle essentiel à jouer. Chacun a sa tâche et doit l'accomplir. Qu'est-ce qui se passerait si chaque conducteur de camion décidait qu'il n'aime pas entendre un obus siffler au-dessus de sa tête et se précipitait pour se cacher dans un fossé ? Qu'est-ce qui se passerait si chacun disait : « Ils n'ont pas besoin de moi ; ils en ont des millions. » Où en serions-nous maintenant ? Où en serait notre pays, où en seraient ceux que nous aimons, nos maisons ; où en serait le monde ? Non, Dieu merci, les Américains ne pensent pas ainsi. Tout le monde fait son boulot et travaille pour l'ensemble. Le servant de canon tient sa pièce en état et la ravitaille et maintient en état de marche cette vaste machine de guerre. Les gens de l'Intendance nous approvisionnent en vêtements et en nourriture. Tout le monde a son rôle à jouer, y compris le gars qui fait bouillir l'eau pour que

> le G.I. n'attrape pas la chiasse. Rappelez-vous, soldats, que vous ne savez pas que je suis là. Vous ne devez en faire aucune mention dans vos lettres. Tous les États-Unis sont censés se demander ce que diable j'ai bien pu devenir. Je ne suis pas supposé commander cette armée. On ne se doute pas que je suis en Angleterre. Il faut que le premier bâtard à s'en apercevoir soit l'un de ces damnés Allemands. Je veux qu'ils écarquillent les yeux et s'écrient : «Ah ! Voilà encore cette damnée troisième armée et ce fils de p... de Patton ! » Il faut que nous en finissions avec eux et que nous nous occupions ensuite de ces pisseurs de sang de Japonais ! La route la plus courte pour la maison passe par Berlin et Tokyo ! Nous gagnerons cette guerre, mais nous la gagnerons seulement en faisant voir à l'ennemi que nous avons plus de tripes qu'il n'en a jamais eu et qu'il n'en aura jamais !
>
> Vous aurez des choses formidables à dire quand tout sera fini et que vous serez de retour au pays. Vous pourrez remercier Dieu de vous retrouver dans vingt ans assis au coin du feu avec votre petit-fils sur les genoux, et lorsqu'il vous demandera ce que vous avez fait pendant la guerre, de n'avoir pas à le faire passer d'un genou à l'autre, tousser et répondre : «Je pelletais la merde en Louisiane.»

Pour prononcer ses discours, Patton a eu soin de mettre en place une véritable mise en scène : sa tenue qui deviendra légendaire, sa cravache à la main et Willie, son bull-terrier. Les hommes ont l'impression de voir apparaître une divinité. Ce qui ne doit pas être pour déplaire à Georgie. Les recrues sont sous le charme, à la limite de la fascination. À chaque fois qu'il se présentera devant ses hommes, il utilisera la même technique. Un langage direct, cru, mais un langage qui plaît aux soldats. Patton fait partie de la légende. Ses hommes ont l'impression de faire partie de l'histoire. Bien des années plus tard, lorsque l'on croise un vétéran qui a combattu sous les ordres de Georgie, il ne dira presque jamais à quelle unité il appartenait. Il se bornera à répondre : « J'étais avec Patton. » Trois mots qui valent tous les états de service du monde. C'est que Patton est dur. Il n'a jamais changé d'optique. Et il aime à le répéter : la discipline sauve des vies : « Je vous conduirai plus loin que l'enfer, mais une pointe de sueur vaut un gallon de sang. Nous allons tuer ces bâtards allemands », lance-t-il à ses troupes.

Le D-Day, sans Georgie

Ses troupes ? Elles ne seront pas du *D-Day*. Patton, pilier central de l'opération d'intoxication des Allemands, ne peut *de facto* débarquer. Ce même jour, il écrit à son fils. Il revient sur les qualités des soldats et note :

> Il y a apparemment deux types de soldats qui réussissent, ceux qui sont discrets et les importuns. J'appartiens à cette dernière catégorie, plutôt rare et impopulaire, mais c'est ma méthode. Il faut choisir un système et s'y tenir. Les gens qui ne sont pas eux-mêmes ne sont rien.

Parallèlement, il se confie à sa femme : « Il est odieux d'être sur la touche et de voir la gloire vous fuir, mais je sens qu'il y en aura assez pour tous. Je crois que je vais lire la Bible. » Patton trouve le temps long, horriblement long, surtout qu'il sait qu'on se bat et que lui n'est pas dans la mêlée. Un mois après le débarquement, il arrive en Normandie. Secrètement. Les Allemands sont toujours dupés par sa fausse armée. Il observe et en profite pour décocher, dans un journal, une flèche à Ike : « Ike est pieds et poings liés par les Anglais et ne s'en rend pas compte, pauvre fou ! En fait, nous n'avons pas de commandant suprême.» Georgie voit, en outre, son ancien subordonné devenu son supérieur, Bradley, gagner en prestige : « Bradley a certainement fait un travail magnifique. La seule chose qui m'ennuie, c'est l'idée qu'il va gagner la guerre avant que je ne m'y trouve engagé. Mais on ne peut rien contre », écrit-il à Eisenhower. Officiellement, Patton entre dans la bataille le 1er août. « Comparé à la guerre, tout le reste est futile. Ô Dieu, oui que je l'aime. » Patton est engagé dans l'opération *Cobra*, visant à désenclaver la Bretagne. Patton effectue une véritable chevauchée fantastique, au point même que ses supérieurs ignorent parfois où ses hommes se trouvent : c'est une division « fantôme ». L'organisation de Patton et un appui logistique sans faille lui permettent en quelques semaines d'atteindre la Lorraine. Il stoppe. Les lignes de ravitaillement deviennent de plus en plus longues. Patton est trop exposé en cas de contre-attaque allemande et, puis, Monty a dans ses cartons l'opération *Market Garden*, dont l'objectif est le pont d'Arnhem, pont qui permettrait aux Alliés de pénétrer en Allemagne. Deux jours avant le déclenchement de cette opération, acceptée par Ike, Patton souligne dans son journal : « Monty fait ce qui lui plaît et Ike dit "Oui, Monsieur". Monty exige que tout le ravitaillement lui soit envoyé à lui et à la première armée US pendant que je dois, moi, rester sur la défensive.» Le ravitaillement est donné en priorité à Montgomery qui, par ailleurs, doit sécuriser Anvers, port vital pour les Alliés. Patton, lui, s'autorise même quelques vols, mais doit faire face à une contre-attaque allemande en Lorraine. Les combats devant Metz s'enlisent. Patton cesse de progresser. C'est une première.

PARTIE 3

PATTON DANS LA BATAILLE DES ARDENNES

LES PREMIERS JOURS DE LA BATAILLE DES ARDENNES

« Cette bataille devra être menée avec brutalité et toute résistance devra être écrasée par une vague de violence et de terreur. »

Adolf Hitler

Si Patton aime se plonger dans l'histoire, il n'est pas le seul des acteurs de la Seconde Guerre mondiale à le faire. Hitler en premier. Hitler, tout comme Patton, a une admiration profonde pour Frédéric le Grand, roi de Prusse, surnommé le « grand Fritz », sobriquet donné aux Allemands depuis la guerre franco-allemande de 1870. Comme Hitler, Frédéric le Grand est proche du désastre et au bord du suicide, en 1756, pendant la guerre de Sept Ans. Les Russes sont aux portes de Berlin. Mais l'inattendu se produit : les Russes, d'abord adversaires des Prussiens, retournent leur alliance. La Prusse, qui, à cette époque, n'est pas encore l'Allemagne, est sauvée. Hitler pense qu'un tel revirement de situation est encore possible. Il compte négocier une paix séparée avec les Anglo-Américains pour, par la suite, concentrer toutes ses forces vers l'est où ses armées enchaînent défaite sur défaite et ne cessent de reculer. Hitler mise sur une rupture entre les troupes britanniques et américaines. En séparant les Alliés, pense-t-il, la paix séparée pourra être négociée. Son objectif ? Le port d'Anvers, un port d'importance capitale pour le ravitaillement des Alliés et leur progression vers l'Allemagne. Depuis la conférence de Casablanca, organisée logistiquement par Patton, les Alliés ont cependant décidé d'imposer à l'Allemagne une capitulation sans condition. Inutile donc de préciser que ni les Américains ni les Anglais ne comptent négocier avec le chancelier du Reich. Ce dernier se berce d'illusions, vit dans une autre réalité, plongé dans l'histoire et la mythologie germaniques. Son plan, il y croit dur comme fer. Son idée ? Faire une percée dans les Ardennes, comme celle qui avait mis la France à genoux en 1940. Hitler ne voit que les avantages de son offensive, du moins dans sa mise en place. Selon lui, les Alliés sont exténués. Devant le semi-échec de l'opération *Market Garden*, Hitler pense que les Alliés ne peuvent poursuivre leur irrésistible progression, une progression de mise depuis le débarquement de juin. Pour Hitler, l'opération de Montgomery a mobilisé toutes les réserves disponibles des Alliés. Il sait que les Ardennes ne sont pas occupées par des troupes aguerries. De surcroît, il compte sur l'effet de surprise qui leur permettra d'atteindre très rapidement la Meuse, premier objectif de l'offensive. Il faut cependant aux Allemands l'aide de la météo. En effet, la maîtrise aérienne est du côté des Alliés. Toute offensive par ciel dégagé serait vouée à l'échec. L'opération est baptisée *Garde au Rhin*. Le maréchal Jodl conçoit les plans, relayé par Walter Model,

« le pompier du Führer ». Le feld-maréchal von Rundstedt, commandant du front ouest depuis septembre, donnera son nom à cette offensive. Cependant, peu d'officiers allemands pensent que cette offensive a une chance d'aboutir. Model, appuyé par von Rundstedt et von Manteuffel, tente d'infléchir le Führer en lui opposant un contre-plan, une version minimaliste de l'offensive. Cette dernière prévoit une attaque vers la Meuse, puis un retour vers Liège, à savoir une manœuvre d'enveloppement qui décimerait les unités américaines du secteur et empêcherait l'attaque vers le Reich. Hitler balaye cette idée d'un revers de la main. Balayées aussi les remarques des officiers telles que le ravitaillement en essence. En effet, un char consomme beaucoup et les Allemands connaissent des pénuries. Selon Hitler, les Américains ont d'importants dépôts dans les Ardennes. Sous l'effet de surprise, ces derniers pourront être rapidement pris et l'offensive pourra se poursuivre. Reste maintenant à trouver les hommes et le matériel. L'Allemagne est exsangue. Hitler fait revenir des troupes et du matériel de l'est devant prendre position dans la plus grande discrétion sur la future ligne de front. Pas facile. Les fantassins, par exemple, recouvrent leurs bottes de chaussettes, histoire d'éviter tout bruit lors de leur progression en forêt.

L'ÉTRANGE CANON ROCHOIS

Au musée de la Bataille des Ardennes à La Roche-en-Ardenne est exposé un canon PAK 37 de l'armée allemande, retrouvé sur le champ de bataille après l'offensive des Ardennes. Rien de spectaculaire en soi. Ce canon a cependant une particularité : ses pneus comportent des inscriptions en cyrillique, alphabet russe. Preuve, s'il en fallait une, que les Allemands ont fait feu de tout bois, rapatriant du matériel de l'est pour cette bataille.

Le déclenchement de l'offensive allemande, rebaptisée *Brouillard d'automne* est prévu au mois de novembre. Les conditions météorologiques, à cette époque, ne sont pas favorables aux Allemands. L'opération est alors reportée à la mi-décembre. Les météorologues prévoient plusieurs jours de brouillard. Ce brouillard indispensable pour coller l'aviation alliée au sol. Les troupes du Reich, elles, se massent le long des frontières belge et luxembourgeoise. Le plan sur le papier est rodé : le front s'étalera sur plus de 100 kilomètres : au nord, Josef «Sepp» Dietrich et sa VIe armée Panzer, le centre étant confié à von Manteuffel et à la Ve armée Panzer. Au sud, Brandenberger, de la VIIe armée, protège le flanc de l'offensive d'une éventuelle attaque de la IIIe armée de Patton et, au nord, se trouve la XVe de von Zangen. Au total, Model dispose, suivant certaines estimations, de deux cent cinquante mille hommes, six cents chars, dont les fameux «Tigres» équipés de canons de 88 mm et de mille neuf cents canons. Notons que ces estimations varient en fonction de la littérature. La principale raison vient sans doute du fait que l'organigramme d'une armée prévoit un cadre bien précis... sur le papier. Or, à cette époque, l'Allemagne est devenue incapable de composer un corps d'armée répondant parfaitement aux plans. Dans son ouvrage consacré aux événements, Henri Castor reprend l'allocution faite par Hitler à ses généraux :

> Cette offensive décidera de notre sort : la vie ou la mort. Je veux que tous mes soldats combattent de toutes leurs forces et sans pitié. Cette bataille devra être menée avec brutalité et toute résistance devra être écrasée par une vague de violence et de terreur. À cette heure cruciale de notre mère patrie, j'attends de chacun de mes soldats qu'il soit courageux encore et toujours. L'ennemi devra être écrasé, maintenant ou jamais. Vive le grand Reich.

La veille de l'offensive, von Rundstedt écrit dans son ordre du jour :

> Soldats du front ouest, votre heure glorieuse a sonné. De puissantes armées ont déclenché l'offensive contre les Anglo-Américains. Je n'ai pas besoin de vous en dire plus. Vous le sentez vous-mêmes. Nous jouons le tout pour le tout. Vous portez en vous la sainte obligation de mettre tout en œuvre pour atteindre des objectifs surhumains pour notre mère patrie et notre Führer. *Deutschland uber alles!*

LA PRÉSENCE AMÉRICAINE

À la veille de l'offensive, on estime à quatre-vingt mille le nombre de soldats américains de la Ire armée, présents dans le secteur du futur front. Deux cent quarante-cinq chars, cinq cent quatre-vingt dix canons complètent le dispositif. Au nord, se trouve la 99e d'infanterie composée de soldats inexpérimentés. L'unité est baptisée la « babies division ». Tout semble dit. Au centre, deux divisions d'infanterie (la 28e et la 106e). Le sud, lui, est occupé par la 4e d'infanterie. Les troupes de réserve, elles, ne sont pas prévues pour le combat, regroupant des logisticiens et des unités de reconnaissance. Le déséquilibre des forces avec l'Allemagne est flagrant.

Une attaque ? Impossible

Les Américains ont bien quelques renseignements sur cette éventuelle offensive, du moins sur une concentration anormale de troupes allemandes à la frontière. Quelques rapports arrivent, notamment chez Patton. Son service de renseignements est très bien doté. Patton, vieux renard, le veut ainsi. Il sait que, pour combattre, il doit connaître son ennemi, décrypter ses intentions. Mais, si on constate que ces troupes allemandes se massent, on pense qu'elles sont là pour contrer la future attaque de Patton au départ de l'est de la France. D'une façon générale, les Alliés, Américains en tête, ne croient pas en une attaque de la part des Allemands. Tout d'abord parce qu'ils considèrent qu'ils n'ont plus les réserves suffisantes en hommes, équipements, essence pour se lancer à l'assaut et, ensuite, car ils estiment que le temps hivernal qui se profile empêche toute offensive sur ce relief accidenté. Pas de panique donc. Mais les Alliés sous-estiment la capacité allemande à se redéployer ou, peut être, ont un certain excès de confiance. Les troupes dans la région ardennaise n'ont donc, selon eux, rien à craindre. Certaines sont au repos. Le jour précédant le déclenchement de l'offensive, à Honsfeld, dans l'actuelle commune de Bullange, l'actrice et chanteuse Marlene Dietrich est présente pour un spectacle. L'insouciance est de mise. Chez les G.I., certains affirment même qu'ils seront de retour au pays pour Noël, la guerre finie.

L'HIVER 1944

Par **Sacha Daout**, journaliste

La vie en cet hiver 1944 est dure. Pas seulement à cause de la guerre. La météo rend le quotidien encore plus pénible. Le printemps et l'automne avaient été doux. L'hiver sera des plus rudes. Et cela a évidemment un impact sur la vie des soldats dans les tranchées. Essentiellement pour les hommes des troupes alliées, pas du tout préparés à livrer bataille dans de telles conditions. Les Allemands ont connu la guerre de Russie et savent donc comment se préparer à ces conditions extrêmes. Ils possèdent des bottes fourrées et imperméables, des vestes chaudes et réversibles avec un côté blanc pour le camouflage en pleine neige et des cagoules… Du côté des Alliés, rien de tout cela. Et cela a bien failli changer le cours de l'histoire. On recense un nombre impressionnant de soldats évacués du front en raison de pieds gelés. Une situation pas du tout prévue par les officiers alliés. Il a donc fallu, en plein hiver 1944, envoyer d'urgence du matériel plus adapté. Certains soldats ont tout de même été obligés de se créer des équipements de fortune, se cachant, par exemple, sous des draps blancs lors des marches dans les campagnes ardennaises. L'hiver rend également les déplacements de certains véhicules plus difficiles encore. Un point important doit d'ailleurs être souligné : la bataille des Ardennes s'est, en partie, jouée, en faveur de Patton et de ses troupes, sur la question du ravitaillement. Un char allié consomme environ 500 litres pour 100 kilomètres, le double pour les chars allemands. Les Allemands tablent justement sur des prises de carburant aux Alliés. Dangereux de parier sur d'éventuelles victoires. Le carburant manque vite aux envahisseurs. Tout aurait pu basculer ce jour où les Allemands passent à 1 kilomètre d'une réserve de dix mille jerricans de carburant. Apprenant cela, les autorités alliées décident de brûler cette réserve, condamnant presque à l'arrêt total la progression des chars ennemis, dans la neige de cet hiver 1944.

Encaisser les premiers coups

« Si les Ve et VIIIe corps de la Première armée s'étaient montrés plus agressifs, jamais les Allemands n'eussent pu monter cette attaque : on ne doit jamais rester sans rien faire. »

Patton, 17 décembre 1944

16 décembre 1944. 5 h 30, les tirs d'artillerie partent de Montjoie vers Echternach. Une vraie pluie d'obus. Un fracas étourdissant. Une demi-heure plus tard, les chars et les fantassins allemands sortent du brouillard. La bataille des Ardennes vient de commencer. La surprise est totale chez les Américains. Ils sont bousculés de partout. Certains auteurs parleront plus tard d'un « Pearl Harbor en Ardenne ». Pourtant, dans certains secteurs, des troupes US non aguerries offrent une résistance exemplaire. Le général Middleton, commandant du VIIIe corps américain, est à son Q.G. de Bastogne. Dès le matin, il autorise le repli en cas de nécessité. Il quittera Bastogne le 19 décembre pour Neufchâteau. La propagande allemande va exploiter rapidement des images encore inimaginables quelques heures avant le déclenchement de cette offensive : des colonnes de prisonniers américains ! À ce jour, l'offensive des Ardennes reste la bataille où le plus d'Américains ont été faits prisonniers. Pourtant, au sein de l'état-major allemand, on n'est pas satisfait : de nombreux encombrements se produisent avec les chars, notamment les chars lourds qui ont beaucoup de difficultés à évoluer sur les petites routes ardennaises. À certains endroits, c'est même la pagaille. Les Allemands prennent du retard. Or tous les généraux d'Hitler le savent :

le temps et le respect des plans sont primordiaux pour la réussite de l'offensive. Certes, Peiper de la 1re armée Panzer, fer de lance des troupes de Dietrich, semble avancer comme prévu, certes von Manteuffel, commandant la Ve armée Panzer, fonce vers Bastogne. Mais il constate amèrement que, par rapport au plan initial, du retard a été pris.

SKORZENY ET SES « COUPS TORDUS »

Surprise, confusion font partie des maîtres mots de cette offensive allemande. Pour ajouter à cette confusion, Skorzeny, l'auteur de la libération de Mussolini, fait infiltrer des soldats allemands sous uniformes américains dans les lignes US. Ces soldats parlent parfaitement l'anglais. Cette information connue, c'est la panique chez les G.I., à la limite de l'hystérie chez certains. De surcroît, la rumeur court qu'ils ont pour mission d'abattre Patton et Eisenhower. Ce dernier ne quittera d'ailleurs plus son Q.G. pendant quelques jours.

Dans l'après-midi du 16 décembre, Eisenhower est informé de cette attaque allemande. La question est de savoir s'il s'agit d'une réelle offensive ou d'une opération de diversion. Ike fête sa 5e étoile de *General of the Army* et joue aux cartes avec Bradley. Il décide d'envoyer deux divisions, dont une de l'armée de Patton, sur les lieux. On devine l'humeur de ce dernier lorsqu'il apprend qu'il se voit amputer de sa 10e blindée. De mauvaise foi, il souligne que cette attaque est une diversion qui n'a que pour but de l'empêcher de lancer son offensive. De surcroît, il pense que l'attaque réelle se produira envers ses troupes. Dans son journal, le 17 décembre, Patton est toujours en plein doute : « L'attaque allemande se développe sur un large front et se déplace rapidement. C'est peut-être une feinte, encore que pour l'instant, cela paraisse réel. Si les Allemands ont l'intention de m'attaquer, nous les arrêterons, car nous sommes bien placés. » Georgie en profite, au passage, pour décocher une flèche à la 1re armée : « Si les Ve et VIIIe corps de la Première armée s'étaient montrés plus agressifs, jamais les Allemands n'eussent pu monter cette attaque : on ne doit jamais rester sans rien faire. » Ike prend un peu plus la mesure des événements, se rendant compte du danger. Le lendemain du déclenchement de l'offensive allemande, il décide de dépêcher deux unités de parachutistes, en repos dans la région de Reims, vers le théâtre des opérations. La 82e Airborne devra rejoindre la région de Bastogne, la 101e, celle de Houffalize. Les affres des combats les orienteront respectivement dans la région de Trois-Ponts et de Bastogne. Le déplacement se fait en camion, la météo exécrable empêchant tout vol.

MASSACRES

Les Allemands vont perpétrer plusieurs massacres lors de cette offensive, tant à l'encontre de civils que de militaires. Le 17 décembre, à Baugnez, une unité SS, commandée par Peiper, exécute des prisonniers américains. La nouvelle de ce massacre s'est rapidement répandue dans les rangs américains. Les G.I. y ont trouvé une source de motivation supplémentaire de combattre.

GEORGIE DANS LA BATAILLE DES ARDENNES

Patton, acte I

Les Alliés prennent cette offensive au sérieux, mais Patton, lui, n'est pas convaincu qu'il s'agit réellement d'une offensive. Du moins jusqu'au 18 décembre. À cette date, il est convié par Bradley à une réunion à Luxembourg. Middelton, qui a encaissé les premiers coups de l'offensive, est également présent. Patton se rend alors compte que l'attaque allemande est loin d'être une feinte. Il constate également que le « saillant » – nom qui sera donné du côté américain à la bataille – est profond. Middelton a envoyé ses dernières réserves dans la mêlée la veille. Tout semble déjà reposer sur les épaules de Georgie.

> Brad m'a montré sur une carte la pénétration allemande, qui était bien plus importante que ce que j'avais imaginé. Il me demanda ce que je pouvais faire. Je lui ai dit que j'allais arrêter la 4e blindée et la concentrer près de Longwy à partir de minuit tandis que je mettrai

> la 80e d'infanterie en route pour Luxembourg dans la matinée. J'ajoutai que je pouvais mettre la 26e à vingt-quatre heures si nécessaire. Il a paru satisfait.

À peine la réunion terminée, Patton s'entretient avec son état-major pour prendre les dispositions adéquates. Il n'y a pas de temps à perdre. Il intime l'ordre de faire arrêter la 80e d'infanterie :

> Stopper quoi qu'ils fassent. Qu'ils se tiennent parés pour d'autres mouvements. Ils n'ont aucun repli à envisager pour l'instant, mais c'est la grande affaire et ils devront sans aucun doute faire mouvement demain.

LES PREMIERS SOLDATS DE PATTON

Le même jour que la réunion de Luxembourg, les premiers soldats de la 10e blindée, prélevés sur la IIIe armée de Patton dès le début de l'offensive, arrivent à Bastogne en fin d'après-midi. Alors que Middelton prépare le déménagement de son Q.G. vers Neufchâteau, il prend la décision de diviser ces éléments de la 10e blindée en trois groupes (« teams »). Trois points vitaux leur sont octroyés. Un se chargera de la route Bastogne-Wiltz en s'établissant à Wardin, l'autre de celle de Bastogne-Clervaux (Longvilly) et, enfin, le dernier de la route Bastogne-Liège. Ce dernier groupe, commandé par William Desobry, s'installera à Noville. Desobry y sera d'ailleurs blessé et fait prisonnier. Une rue du village porte aujourd'hui son nom.

Ce 18 décembre est également la journée où McAuliffe, en route pour Houffalize, arrive à Bastogne. Il en profite pour rencontrer Middleton. Ce dernier a décidé d'abandonner Houffalize et informe McAuliffe que Hodges, commandant de la 1re armée, affecte la 101e à la défense de Bastogne.

« RENDEZ-VOUS AVEC LA DESTINÉE »

La devise de la 101e Airborne est «Rendez-vous avec la destinée». Cette phrase convient parfaitement à Anthony McAuliffe. La division est, en théorie, commandée par le général-major Taylor. Au déclenchement de l'offensive, ce dernier est à Washington. C'est le commandant de l'artillerie divisionnaire, Anthony McAuliffe, qui le remplace. La bataille des Ardennes fera de lui un héros. Comme Patton.

En début de soirée, toujours ce 18 décembre, Middleton annonce à Bradley que la 101e restera à Bastogne et que la ville sera sans doute encerclée par les Allemands. Patton et Bradley se contactent encore le soir. Et Bradley, fort des informations reçues, signale que la situation «est pire que lorsque je vous en parlais». Le lendemain, Bradley convoque Patton à une réunion à Verdun. Patton a déjà ses plans. Il les a exposés à ses officiers, leur remettant un code. Ce code, qui peut être transmis par téléphone, permettra une mise en route rapide. Patton montre ici toute sa *maestria* du commandement et de l'anticipation.

Verdun, Patton au sommet de son art

«Les Boches ont fourré leur tête dans un hachoir et c'est moi qui vais tourner la manivelle.»

Patton à Bradley, à propos
de son plan de contre-attaque

À Verdun, on retrouve un parterre d'officiers. Monty s'est fait représenter. Eisenhower préside. Il fait le point sur la situation. Une situation qui n'est pas bonne. Tous les regards doivent se tourner, à ce moment, vers *Blood and gusts*. Patton commente cette réunion dans ses carnets :

> Bradley ne dit pas grand-chose. Ike me demanda quand je pouvais attaquer, je répondis à l'aube du 21 et avec 3 divisions, la 4e DB, les 26 et 80 DI. Lorsque je dis que je pouvais attaquer dans les quarante-huit heures, une sorte d'agitation s'est brutalement propagée dans l'assemblée. Certains étaient médusés, mais ravis, d'autres sceptiques et ironiques. Néanmoins, je crois que c'est possible. Ike dit qu'il avait peur que tout cela ne fût pas assez fort, mais j'insistai sur le fait que je pouvais battre les Allemands avec les trois divisions et que, si je devais attendre pour en avoir davantage, je perdais le bénéfice de la surprise.

UN HUMOUR PARTICULIER

L'ambiance n'est pas à la fête lors de cette réunion de Verdun. Eisenhower essaye pourtant de détendre l'atmosphère : «Notre situation doit être vue comme une opportunité et non un désastre. Il ne devrait y avoir que des mines réjouies ici», lance-t-il. Mais les mines restent anxieuses. Patton y va alors d'une de ses réflexions dont il a le secret. Non sans humour, il commente : « Nous devrions avoir les couilles de laisser ces fils de p… aller jusqu'à Paris. Ensuite, on les couperait de leurs arrières et on les réduirait en miettes. »

Imaginons-nous cette scène. Des officiers, la tête déconfite, le Commandant suprême des armées qui cache mal son anxiété face à la contre-attaque allemande. Tous se demandent ce qu'ils peuvent faire, recherchant dans leur mémoire les instructions ou les cours enseignés à West Point. Et là, Patton, qui aime le cinéma, la mise en scène, arrive comme l'homme providentiel. D'un revers de la main, il balaye les critiques, se permet de faire un humour douteux avant d'annoncer la couleur : oui, il attaquera avec trois divisions, et non le double comme le préconise Ike. Oui, il est capable de mettre tout en œuvre en quarante-huit heures. On devine la stupeur, l'incompréhension des officiers présents qui se demandent si Georgie n'a pas rendu visite à *Johnnie Walker,* expression que Patton utilise dans ses carnets lorsqu'il va « boire un coup ». Mark Twain dirait : « Ils ne savaient pas que c'était impossible, alors ils l'ont fait. » Bradley notera plus tard au sujet de cette réunion et de la vision des choses de Patton : « La brillante bifurcation de la troisième armée effectuée par Patton fut un des plus remarquables exemples de commandement durant la guerre en Europe occidentale. » Patton doit savourer. Il sait, en effet, que l'issue de la bataille repose en grande partie sur ses épaules. Dans sa tête, les images des campagnes précédentes doivent revenir. Il a sans doute un flash de ses fameuses gifles qui ont failli le renvoyer aux États-Unis. Il doit se sentir dans la peau d'un

Napoléon, revenu d'exil. Il doit penser à Hannibal qui, avec ses éléphants, va défier la puissante Rome. Il doit également s'adresser à Dieu et à sa bonne étoile. Pourtant, tout a failli basculer le lendemain. Ike a décidé de confier le commandement des armées américaines au nord du saillant, de la ligne Givet-Prüm, à Montgomery ! Motif évoqué : Monty a des troupes dans le nord et les communications de Bradley avec ses troupes sont difficiles. Georgie est furieux. Bradley aussi. Patton note dans ses carnets :

> En fait, ses communications sont excellentes et, selon moi, ou bien il n'a pas confiance en Bradley ou bien il a eu la main forcée par les machinations du Premier ministre, à moins qu'il ne se berce de l'espoir qu'en donnant le commandement à Montgomery, il pourra obtenir quelques divisions britanniques en plus. Eisenhower ne veut pas ou ne peut pas commander Montgomery.

Cette décision – alors que Bradley conserve le commandement des armées du sud du saillant – va provoquer bien plus que de l'amertume chez les officiers US. Il est question de patriotisme, d'honneur de l'Amérique ! La décision de Ike est incompréhensible pour eux. Patton y voit la certitude, comme il le pensait depuis l'Afrique, que Ike est totalement inféodé aux Anglais. Les esprits s'échauffent. Patton, Bradley et Hodges pensent même remettre leur démission ! Pourtant, sur le plan purement stratégique, Eisenhower, le diplomate, voit clair : les troupes américaines sont coupées par le saillant. Monty dispose d'unités au nord de la percée allemande. Il fait descendre son 30e corps des Pays-Bas, pour prendre part à la bataille. Mais, dit-il, il lui faut du temps. Quelle différence cependant entre ces deux chefs de guerre ! Monty analyse, scrute toujours une bataille avec prudence. Patton, lui, est un fonceur. Tellement fonceur qu'à peine la réunion de Verdun terminée, il quitte la pièce, trouve un téléphone et transmet les fameux codes à ses officiers. Il lance, suivant certaines sources, le terme de « Play ball », en français : « Démarrez la partie ». La IIIe armée va se mettre en marche, pivoter de 90 degrés pour libérer Bastogne. Patton écrit dans son journal :

> Avant de quitter Verdun, j'ai téléphoné [...] pour envoyer immédiatement la 26e d'infanterie et la 4e blindée sur Arlon via Longwy et la 80e sur Luxembourg. La 4e avait d'ailleurs démarré la nuit dernière et la 80e est partie le matin sur Thionville. Elle y trouvera des instructions pour continuer sur Luxembourg.

UNE HISTOIRE DE ROUTES

Les communications dans la province de Luxembourg ne sont évidemment pas, à cette époque, celles que l'on connaît aujourd'hui. Ce n'est qu'au XIXe siècle que cette province va être désenclavée. La RN 89, dite de « Sedan à Malmedy », traverse le Luxembourg. Elle date de l'époque hollandaise, tout comme l'actuelle nationale 4 qui relie Luxembourg-Ville à Bruxelles en passant par Namur. Il existe alors plusieurs grands nœuds routiers qui traversent la province. Parmi ces derniers, La Roche-en-Ardenne, Houffalize ou, encore, Bastogne. Bastogne est le point de convergence d'une petite dizaine de directions. Les routes, en général, sont petites, sinueuses. Pas facile pour les Allemands de manœuvrer notamment leurs fameux « Tigres », des mastodontes de 70 tonnes. Les troupes de Peiper, par exemple, seront obligées de changer plusieurs fois de cap avant de se saborder, faute de carburant.

Bastogne, l'enjeu devenu symbole

Patton écrit dans son journal :

> Été à Arlon. Le VIIIe Corps se bat très bien, mais, pour l'instant, il n'en reste pas grand-chose en dehors de la 101e Division aéroportée qui tient Bastogne avec un *Combat Command* de la 9e DB et un autre de la 10e, deux compagnies de chasseurs de chars et quelques éléments d'une formation d'artillerie noire. J'ai dit à Middleton de céder du terrain et de faire sauter les ponts de façon à ce que nous trouvions devant nous des formations ennemies plus étirées. Toutefois, sur la suggestion de Bradley, nous avons décidé de nous accrocher à Bastogne parce que c'est un nœud routier extrêmement important et que je ne crois pas que l'ennemi ose le passer sans l'avoir réduit. J'ai mis en route tout le bataillon d'artillerie antichar autotracté et les bataillons de chars de la division dont j'ai pu disposer. J'ai ordonné à Eddy de déplacer ses quartiers et son artillerie à Luxembourg immédiatement. Ordonné à la 35e DI de faire mouvement sur Metz aussitôt et de préparer les remplacements. J'ai dit à Gay de compléter les effectifs des 90e et 95e divisions et de donner tout le reste à la 4e DI (qui avait été au début fort ébranlée par l'attaque allemande). J'ai dit aux 9e et 10e DB de cannibaliser leurs bataillons antichars ou d'autres pour compléter leur formation de fusiliers… J'ai aussi rassemblé des munitions, des hôpitaux mobiles, des éléments de ponts… Et aussi donné ordre à la 5e DI de faire mouvement sur Luxembourg. Je n'ai pas d'officier d'état-major avec moi, et tout cela a été fait par téléphone par Gay et une merveilleuse équipe qu'il a auprès de lui à Nancy. Ceci constitue le plus admirable mouvement jamais exécuté par l'ensemble de l'armée. Nous attaquerons à 4 heures du matin, le 22.

Patton comprend tout l'enjeu que représente le nœud routier qu'est la ville de Bastogne. Georgie n'a pourtant jamais vu l'endroit. Mais, depuis ses premières années dans l'armée, il étudie scrupuleusement, sur papier, les détails d'un potentiel ou réel champ de bataille avant de prendre toute décision. Sans doute en raison de sa dyslexie, il mémorise une situation, enregistrant tous les détails. Perfectionniste, il ne veut rien laisser au hasard. Et à Bastogne, que se passe-t-il ? L'ordre de von Lüttwitz, dont les troupes vont encercler Bastogne, est clair :

> Si la ville est légèrement tenue, les divisions blindées doivent l'attaquer immédiatement. Si elle est défendue de front, les divisions blindées l'envelopperont et l'attaqueront par-derrière. Si ces deux procédés ne réussissent pas, les divisons blindées poursuivront leur route vers la Meuse, et laisseront à la 26e Volksgrenadier le soin de réduire Bastogne.

Par ses services de renseignements, von Lüttwitz apprend que des troupes para vont venir renforcer Bastogne. Elles ont cependant plus de 150 kilomètres à parcourir alors que lui n'en a qu'une trentaine. C'est une course contre la montre qui s'engage. L'officier allemand saisit l'importance d'être le premier dans la ville ardennaise. C'était sans compter sur la résistance acharnée des troupes américaines, notamment au grand-duché de Luxembourg. Von Manteuffel notera plus tard : « La défense courageuse et tenace de la 28e division d'infanterie à Clervaux et à Wiltz a rendu possible la mise en place de la défense de Bastogne. »

Pour une raison incompréhensible, la IIe armée Panzer est à Longvilly le 18 décembre avant de foncer vers Bourcy au lieu de se concentrer sur Bastogne. Bayerlein arrive, quant à lui, par le sud, à Neffe. La course est cependant gagnée par les G.I. qui engagent des combats contre les blindés allemands à quelques kilomètres à peine de Bastogne. Les assauts allemands sont tous repoussés au prix de lourdes pertes. Bastogne tient bon. Von Lüttwitz, se rendant compte que les attaques frontales sont vaines, en revient à son ordre de bataille. Ses deux divisions blindées contournent la ville pour foncer sur la Meuse, ne laissant que deux régiments pour appuyer les Volksgrenadier. Ces derniers s'emparent de la route de Neufchâteau et ferment la ville complètement. Elle est en état de siège. «Vous rappelez-vous à quoi ressemble un beignet ? Bon, nous sommes le trou dans le beignet», tel est le texte transmis de Bastogne la nuit du 20 au 21 décembre à l'état-major américain. Difficile d'être plus explicite. Dix-huit mille Américains vont subir le siège !

LE TERRIBLE SORT DES CIVILS

La population locale a payé un très lourd tribut aux combats. Entre deux mille cinq cents et trois mille personnes ont perdu la vie en Belgique et au grand-duché. Cette bataille a tellement marqué les esprits qu'elle en est devenue, pour les contemporains, un repère chronologique : «C'était avant l'offensive ! » ou après, c'est selon. Pourtant, outre-Atlantique, l'historiographie a fait peu de cas de ces civils. Au contraire, dans le best-seller de l'historien Stephen Ambrose, *Citizen Soldiers*, on y affirme que les civils avaient été évacués ou étaient hors des zones de combat ! Un historien belge, Peter Schrijvers, a rétabli la vérité en publiant, en anglais, un livre rendant hommage aux civils : *The Unknows Death*.

« Nuts »

« Un homme ayant une telle éloquence doit impérativement être sauvé. »

Patton en parlant de McAuliffe
après son « *Nuts* »

22 décembre, la neige commence à tomber sur l'Ardenne rendant encore plus difficiles les conditions de combat. McAuliffe, qui a établi son Q.G. à la caserne du sous-lieutenant Heinz, aujourd'hui centre d'interprétation « Bastogne Barracks », est sur le départ. Il tient personnellement à aller féliciter ses hommes. On lui signale que des émissaires allemands viennent de lui apporter une demande de reddition. Avant même d'en prendre connaissance, il lance « Nuts », qui peut se traduire par « Des clous » ou « Et puis quoi encore... » Le message allemand est ainsi rédigé. McAuliffe le lit :

> Au commandement américain de la ville encerclée de Bastogne. La fortune des armes est changeante. Cette fois, les forces américaines de Bastogne sont encerclées par de puissantes unités allemandes. Plusieurs unités blindées ont traversé l'Ourthe près d'Ortheuville, conquis Marche, et atteint Saint-Hubert dépassant Hompré, Sibret et Tillet. Libramont est entre nos mains. Les troupes américaines n'ont qu'une seule possibilité d'échapper à une annihilation totale : rendre honorablement la ville encerclée. Vous disposez de deux heures de réflexion à partir de la remise de cette lettre. Si cette proposition est rejetée, un corps d'artillerie et six bataillons d'artillerie antiaérienne sont prêts à anéantir les troupes de Bastogne et des environs. Les sentiments d'humanité bien connus des Américains ne s'accorderaient pas avec les graves pertes que ce

> bombardement causerait à la population civile. Signé : le commandant allemand.

McAuliffe, à qui on demande une réponse, s'interroge : « Que puis-je donner comme réponse ? » lance-t-il à l'attention du lieutenant-colonel Kinnard. Ce dernier lui répond : «Votre première réponse était la bonne.» McAuliffe renchérit : « Et qu'ai-je dit ? » Kinnard rétorque : «"Nuts", mon général ! » Il fait dactylographier sa réponse : «Au commandant allemand. Nuts. Le commandant américain Anthony C. McAuliffe». McAuliffe vient d'entrer dans l'histoire. Son mot va faire le tour du monde, augmentant encore le prestige des assiégés de la ville de Bastogne. Patton, au sujet de McAuliffe, note : « Un homme ayant une telle éloquence doit impérativement être sauvé.» Il n'a pas perdu son sens de l'humour et de l'ironie ! Il ajoute : «À Bastogne, la situation est grave, mais pas désespérée.» La neige redouble d'intensité en ce 22 décembre 1944. Cela n'atténue aucunement les combats. La *Luftwaffe* bombarde Bastogne pour la première fois de nuit. Du côté des Américains assiégés, on commence à manquer de munitions, le nerf de la guerre ! Heureusement, en ce matin du 23 décembre, le ciel se dégage. Il permet à l'aviation alliée de parachuter vivres et munitions sur la ville encerclée. Une précision magistrale : presque tous les conteneurs arrivent à destination. Mais les Allemands n'abandonnent pas la partie : les attaques continuent. Et continueront les jours suivants. Si Bastogne souffre, les villages de son périmètre vivent un calvaire. On se bat partout. Les moindres hameaux sont pris ou repris.

NUTS ? PAS DES NOIX

À Bastogne, depuis des temps immémoriaux, se tient la « foire aux noix ». C'est encore le cas aujourd'hui, en décembre. Le hasard des choses a voulu que le terme « nuts » signifie noix en anglais. Le raccourci a été vite fait et on a pensé que McAuliffe s'était inspiré d'une réalité locale pour répondre à l'ultimatum allemand. La réalité est bien différente. Car, en argot, le terme « nuts » est beaucoup moins poétique !

La chevauchée fantastique

«Avec un peu de chance,
je compte lancer une opération
plus audacieuse encore
juste après Noël.»

Patton, lettre à son épouse

Le 20 décembre, comme prévu, la 4e blindée de Patton est regroupée dans la région d'Arlon et du Luxembourg. La contre-attaque vers Bastogne va être lancée. Les troupes de Patton sont déjà dans la région de Martelange. Il explique dans une lettre à son épouse les premiers instants de sa chevauchée fantastique. Une chevauchée qui fait bouger deux cent cinquante-cinq mille soldats, cent trente mille véhicules !

> Nous avons démarré à 6 h 30 et progressé d'environ douze kilomètres sur un front d'un peu plus de trente. J'aurais espéré davantage mais nous sommes au milieu d'une

> tempête de neige et le sol est couvert de décombres [...]. Je crois que ce mouvement de la Troisième armée est ce que l'on n'a jamais vu de plus rapide dans l'histoire. Nous avons fait plus de 150 kilomètres depuis le 19 et attaqué ce matin dans les règles [...] Avec un peu de chance, je compte lancer une opération plus audacieuse encore juste après Noël.

Avant d'engager ses troupes dans l'aventure, Patton avait eu soin, comme à son habitude, de leur rendre visite. Pour lui, un officier en première ligne est de nature à motiver les hommes. D'ailleurs, il ne conçoit pas être en dehors de la mêlée. Avec son éloquence habituelle, il tonne : «Je ne laisserai ni le mauvais temps, ni l'ennemi, ni Montgomery compromettre la mission de la Troisième armée en direction de Bastogne !» Pourtant, et il s'en plaint, les renforts tardent à arriver. Il affecte donc des *boys* de la logistique à des unités purement combattantes. Il en est convaincu : les Allemands ne pourront pas contenir sa progression et l'empêcher d'atteindre son objectif : Bastogne. La météo le gêne. Une météo dantesque : froid, neige, verglas. Les blindés avancent difficilement, les hommes sont gelés. Patton décide alors de se tourner vers... Dieu. Il rencontre l'aumônier de la IIIe armée, le colonel James O'Neill, et lui demande, sans doute avec verve, de rédiger une prière. Ce fut déjà le cas dans la Moselle :

> Notre Père Tout-Puissant et compatissant, nous vous prions humblement de faire cesser, dans votre infinie bonté, les pluies torrentielles auxquelles nous avons été confrontés jusqu'à présent. Accordez-nous un temps favorable pour le combat. Dans votre clémence, entendez nos voix qui vous implorent afin que, grâce à votre force, nous puissions voler de victoire en victoire, terrasser la tyrannie et la noirceur de nos ennemis et apporter votre justice aux hommes du monde. Amen.

Derrière le feuillet reprenant cette prière, Patton adresse à ses troupes son message de Noël :

> À tout officier et soldat, je souhaite un Joyeux Noël. J'ai une confiance totale en votre courage, votre dévouement et vos qualités de combattants. Nous avançons avec toute notre force vers une victoire complète. Puisse Dieu bénir chacun d'entre vous en ce jour de Noël.

La prière et les vœux du général sont distribués à tous ses hommes. Patton rédige plusieurs autres prières, dont celle qui suit, très représentative de sa personnalité :

> Seigneur, c'est Patton qui Vous parle. Les quatorze derniers jours ont été terribles. Pluie, neige, encore de la pluie, encore de la neige… et je commence à me demander ce qui ne va pas à Votre quartier général. De quel côté êtes-Vous en fait ? Depuis trois ans, mes prêtres expliquent que c'est une guerre religieuse. Ils me disent que c'est une croisade, avec comme seule différence que nous chevauchons des tanks au lieu de chevaux. Ils insistent pour que nous détruisions l'armée allemande et cet athée d'Hitler, afin que la liberté de religion revienne en Europe. Jusqu'à présent je les ai suivis, d'autant que Vous nous avez aidés sans réserve. Ciel bleu et mer calme en Afrique ont aidé à rendre notre débarquement facile et à éliminer Rommel. La prise de la Sicile fut relativement aisée, et Vous nous avez donné un temps parfait pour notre poussée blindée à travers la France, la plus grande victoire militaire que Vous m'ayez accordée. Vous m'avez souvent donné d'excellents conseils dans mes difficiles décisions de commandement et Vous avez précipité les unités allemandes dans mes pièges, ce qui a rendu leur élimination vraiment facile. Mais, maintenant, Vous avez changé les chevaux sur l'obstacle. Vous me semblez avoir donné à von Rundstedt le feu vert et, franchement, il est occupé à nous fiche dehors. Mon

armée n'est pas entraînée, ni équipée pour la guerre en hiver. Et comme Vous le savez, ce temps convient mieux aux Esquimaux qu'à des cavaliers sudistes. Au fait, Seigneur, je commence à penser que je Vous ai offensé en quelque façon. Que brusquement Vous avez perdu Votre sympathie pour notre cause. Que Vous êtes de connivence avec ce von Rundstedt et son pantin. Vous savez, sans que j'aie besoin de Vous le dire, que notre situation est désespérée. Évidemment, je puis affirmer à mon état-major que tout va comme prévu, mais ai-je besoin d'ajouter que la 101e Aéroportée est opposée à de terribles gaillards à Bastogne, et que ces tempêtes continuelles rendent impossible un ravitaillement par air ? J'ai bien envoyé Hugh Gaffey, un de mes plus capables généraux, avec sa 4e Division Blindée, vers ce nœud routier important pour secourir la garnison encerclée, mais il a plus de mal avec Votre fichu temps qu'avec les Boches ! Je n'aime pas me plaindre inutilement, mais mes soldats ont vraiment souffert le martyre de la Meuse à Echternach. Aujourd'hui encore, j'ai visité plusieurs hôpitaux, tous pleins de gens gelés, tandis que les blessés restent étendus sur les champs, parce qu'on ne peut pas les ramener pour leur donner des soins. Mais ce n'est pas encore le pire de la situation. Le manque de visibilité, les pluies continuelles ont totalement paralysé mon aviation au sol. Ma technique de combat exige une aide précise des chasseurs-bombardiers, et si mes avions ne peuvent voler, dites-moi comment je puis les utiliser comme artillerie aérienne ? Ce n'est pas seulement une déplorable situation, mais pire encore, mes avions de reconnaissance n'ont pas pris l'air depuis quatorze jours, et je n'ai pas la moindre idée de ce qui se passe derrière les lignes allemandes. Sacrebleu, Seigneur, je ne puis combattre une ombre ! Sans Votre coopération avec le temps, je suis privé d'un atout, et comment puis-je conduire des attaques valables ? Tout cela Vous paraîtra probablement irraisonnable, mais j'ai perdu toute

> patience avec Vos prêtres qui essaient de me persuader que c'est un hiver typique de ces Ardennes, et que je dois avoir confiance. Au diable, confiance et patience ! Vous n'avez qu'à choisir de quel côté Vous êtes. Vous devez venir à mon aide, afin que je puisse liquider l'armée allemande au complet, et l'offrir comme cadeau d'anniversaire au petit Jésus. Seigneur, je n'ai jamais été irraisonnable. Je ne Vous demande pas l'impossible. Je ne demande même pas un miracle, seulement quatre petits jours de beau temps. Donnez-moi quatre jours clairs et ainsi mes avions pourront voler, ainsi mes chasseurs-bombardiers pourront les bombarder (et leur donner une bonne correction), ainsi mes avions d'observation pourront indiquer les objectifs à ma splendide artillerie. Donnez-moi quatre jours de soleil pour sécher cette fichue boue, ainsi mes tanks pourront rouler, ainsi les munitions et les rations pourront arriver à mes fantassins affamés et mal équipés. J'ai besoin de ces quatre jours pour envoyer von Rundstedt et son armée de mécréants vers leur Valhalla. Je suis malade de cette boucherie inutile de jeunes Américains, et en échange de ces quatre jours de temps propice au combat, je Vous fournirai suffisamment de Boches pour tenir Vos comptables occupés pendant des mois à leur travail. Ainsi soit-il.

Le 23 décembre, la 4e blindée rencontre des difficultés. L'avancée ne répond pas aux attentes de Georgie. Il le martèle : « Il faut se battre 24 heures sur 24 ! » Si les unités rencontrent des problèmes dans des patelins trop défendus, ils doivent les contourner. Mais ce n'est pas facile. L'Ardenne n'offre pas d'innombrables possibilités, et la météo a détrempé les terrains. Sur la route Martelange-Bastogne, les Allemands, profitant du relief et des forêts, harcèlent les blindés US : « Nous n'avons pas progressé autant que je le voulais. Nous avons tout de même conquis de 3 à 7 kilomètres et battu l'ennemi partout où nous l'avons rencontré », note Patton dans son journal. Certes, il est déçu de cette lente progression. Il recense cependant un point positif : la météo est meilleure. Ses hommes peuvent enfin compter sur un soutien de l'aviation. Il apprend aussi que Bastogne, son objectif, a été ravitaillé. Le lendemain, veille de Noël, d'autres accrochages ont lieu. Les Allemands sont loin de vouloir abandonner la partie : les contre-attaques sont d'une rare violence. Retrouvons le carnet de notes de Patton et son commentaire sur cette journée :

> Ce fut une très mauvaise veille de Noël. Sur tout le long de notre ligne, nous avons été violemment contre-attaqués et la 4e blindée en un point a dû reculer de quelques kilomètres en perdant une dizaine de chars.

Il poursuit en se demandant s'il n'en est pas responsable. Un fait rare dans le chef de Georgie :

> C'est sans doute de ma faute parce que je ne cesse d'insister pour que l'on attaque jour et nuit. C'est parfait pour le premier et le second jour de la bataille lorsqu'on a pris l'ennemi par surprise, mais, après, les hommes sont trop fatigués. En outre, par ce mauvais temps, il est très difficile pour ces unités blindées d'opérer la nuit.

Mais Patton n'abandonne pas l'idée d'offrir un beau cadeau de Noël à McAuliffe et à Bastogne. À Bastogne, le chef de la 101e Airborne entend les chants de Noël, notamment chez les prisonniers allemands. Pour ce *Christmas Day*, McAuliffe prendra un célèbre repas avec ses officiers. Immortalisé sur pellicule, ce dîner est aujourd'hui reconstitué au *Bastogne Barracks*, là même où il eut lieu et où, trois jours plus tôt, il avait prononcé son célèbre *Nuts.*

NOËL, SON MESSAGE DE PAIX

Dans ce fameux périmètre de Bastogne, de farouches combats ont lieu. Notamment dans le village de Champs. Des affrontements au corps à corps ! La paix revenue, les habitants de la localité, pénétrant dans les ruines de l'école, découvrent un émouvant message, écrit à la craie sur le tableau noir par un Allemand : «Que jamais le monde ne vive semblable nuit de Noël ! Mourir par les armes, loin de ses enfants, de son épouse et de sa mère, il n'y a pas plus grande cruauté. Ravir un fils à sa mère, un mari à son épouse, un père à ses enfants, est-ce digne d'un être humain ? La vie ne peut être donnée et acceptée que pour s'aimer et se respecter. C'est des ruines, du sang et de la mort que naîtra sans doute la fraternité universelle.»

Cette journée de Noël est encore très éprouvante pour les blindés de Patton. Une de ses unités débouche sur l'axe Bercheux-Vaux-sur-Sûre. Son but : faire une percée vers Bastogne via la route de Neufchâteau. Patton écrit : «Un Noël clair et froid, un temps merveilleux pour tuer des Allemands, ce qui paraît un peu étrange si l'on songe à celui dont nous célébrons la naissance.» Patton a assisté à la messe de minuit, à l'église protestante de Luxembourg. Dès le matin, il a tenu à rendre visite à ses hommes : «Je suis parti de bonne heure ce matin pour essayer de visiter toutes les divisions au contact de l'ennemi. Toutes étaient très joyeuses. Pas moi, parce que nous n'avançons pas assez vite.» Dans ses notes, il décoche à nouveau une flèche à la hiérarchie : «La 101e aéroportée n'a pas été ravitaillée à Bastogne aujourd'hui parce que les avions-cargos ne pouvaient décoller sur les terrains glacés du

Royaume-Uni et que personne n'avait imaginé d'en faire partir de France.» Puis son rival de toujours, Monty, en prend encore pour son grade :

> Monty déclare que la Première Armée ne peut attaquer avant trois mois, la seule attaque possible serait par mon armée, mais je suis trop faible ; en conséquence, il ne nous resterait plus qu'à retomber sur la ligne de la Sarre et des Vosges, voire sur celle de la Moselle. Je trouve que tout cela est écœurant et ne saurait que ruiner la valeur de notre armée et la confiance de notre peuple. Les conséquences politiques en seraient catastrophiques : ce serait condamner à la mort ou à l'esclavage tous les habitants de l'Alsace et de la Lorraine que de les abandonner aux Allemands. Si l'on me donne l'ordre de me replier, je crois que je demanderai à être relevé.

Mais la chevauchée fantastique de Patton réussit. On devine la tête des officiers qui, lors de la réunion de Verdun, avaient émis des doutes sur sa faisabilité. Cité par Ingrid Baraitre, dans son ouvrage sur le sujet, elle note une des réflexions de Bradley :

> Cette façon de faire la guerre lui convenait parfaitement : de la vitesse, de l'énergie, une noble cause et une situation désespérée. Il était conscient que cette mission lui vaudrait une place d'honneur dans les annales de l'armée américaine.

LE SHERMAN, CE HÉROS

Associé à la victoire des Alliés et indirectement à Patton, le char Sherman fait véritablement partie de l'imagerie d'Épinal de la Seconde Guerre mondiale. Dès 1942, les usines américaines vont produire un char, le M4, surnommé Sherman, du nom d'un général de la guerre de Sécession. Avec un châssis commun, le Sherman peut être décliné en de nombreuses versions en fonction des besoins. Produit en très grand nombre, près de cinquante mille lors de la Seconde Guerre mondiale, il a été de tous les champs de bataille et utilisé par l'ensemble des forces alliées. Sa mobilité sur les terrains ardennais a fait de lui un des artisans de la victoire dans la bataille des Ardennes. Techniquement, ce char pesait un peu plus de 30 tonnes et était équipé d'un canon de 75 mm et de deux mitrailleuses 7,62. Son équipage était composé de cinq hommes.

L'encerclement brisé

« C'était un coup d'audace bien exécuté. »

Patton, sur le brisement de l'encerclement

26 décembre 1944, jour historique. De la 4e blindée, trois *Combat Command*, le A, le B et le R, convergent vers Bastogne par des routes différentes. La nationale 4 et la route Neufchâteau-Bastogne en font partie. À Assenois, à 5 kilomètres au sud de Bastogne, les troupes allemandes, dont des paras et des Volksgrenadier, doivent faire face aux tirs venus de Bastogne, mais également à un événement inattendu. Des blindés arrivent face à eux. Il est 16 h 30. Le lieutenant Charles Boggess, commandant de chars, perce les lignes allemandes ! Son Sherman, « Cobra King » portera les inscriptions « First in Bastogne ». On imagine l'ambiance ! Sa poignée de main au lieutenant Webster de la 101e aéroportée symbolise la fin du siège de Bastogne et, surtout, la réussite du plan de Patton. Les hommes de la

101e sont rasés de près, propres, obligations régimentaires. Les tankistes, eux, sont sales, exténués. Boggess, dans l'ouvrage d'Ingrid Baraitre, explique cette percée :

> Passé Assenois, le chemin montait sur une crête vers des bois épais pleins d'Allemands. Nous l'avons parcouru très vite, en faisant feu avec toutes les armes dont nous disposions afin de percer avant qu'ils ne puissent se poster. Nous nous demandions s'il y avait des mines et si le pont près d'Assenois serait détruit. Nous ne savions pas que nous serions attendus par des canons antichars. L'ennemi a attaqué. Quatre bataillons d'artillerie ont tiré sur les barrages de la ville d'Assenois occupée par l'ennemi et ont fait feu à l'orée des bois, un peu plus loin.

BASTOGNE : LES INGRÉDIENTS D'UN WESTERN

Le nom de Bastogne est entré dans la mémoire collective américaine. Pour chaque citoyen des USA, cet épisode de la Seconde Guerre mondiale renvoie à un mythe : celui de la conquête de l'Ouest. Les G.I. encerclés dans la ville s'apparentent aux colons, les Allemands aux Indiens. Patton, quant à lui, endosse le rôle du chef de la cavalerie venant aider ces colons assiégés. Un scénario digne d'Hollywood !

McAuliffe lance : « Fichtre, je suis diablement content de vous voir. » À Guy Franz Arend, fondateur du *Bastogne Historical Center*, McAuliffe écrit, en 1974 : « Il y a plus de trente années déjà, qu'encerclés par plusieurs divisions allemandes, nous célébrions un triste Noël. Nous nous en souviendrons toujours. Le plus beau cadeau de Noël jamais reçu par les encerclés fut l'arrivée des hommes de Patton qui, brisant le cercle qui nous enserrait, nous libérèrent et se joignirent à nous.» Vingt-quatre heures après Boggess, c'est une personnalité qui emprunte le «couloir d'Assenois» : le général Taylor, commandant en titre de la 101e Airborne, arrive dans ce qui fut une ville assiégée. Celui qui l'avait remplacé pendant ces heures douloureuses, Anthony McAuliffe, lui remet le commandement de l'unité.

HENDRIX, CE HÉROS

Le village d'Assenois est par la suite «nettoyé» par les Américains. Il le sera complètement vers 20 h. Les combats sont très violents. Nombreux sont les G.I. qui s'y illustrent par leur courage et leur détermination. Parmi eux, James R. Hendrix. Il capture deux canonniers allemands, résiste à des tirs de mitrailleuses pendant que des compagnons, blessés, sont évacués. Il sauve également un soldat de son véhicule en feu. L'auteur Guy Blockmans note dans son guide *Les routes du souvenir* que, lorsque Patton, en personne, lui remet la médaille d'honneur, Georgie aurait dit : «Je donnerais mon âme pour cette médaille !»

LE RETOUR DE BOGGESS

Lors des commémorations liées au quarantième anniversaire de la percée de Bastogne, en 1984, Charles Boggess, qui devait décéder l'année suivante, a, dans un char venu du musée de l'armée, refait les gestes de 1944. La cérémonie s'est déroulée devant un parterre de personnalités, dont une des petites-filles de Patton. Cette dernière s'est vu remettre, par le bourgmestre Guy Lutgen, un portrait de Georgie que la commune avait gardé telle une relique.

Si l'encerclement de Bastogne est brisé ce 26 décembre, il ne l'est qu'en un point. Un corridor suffisant subsiste pour évacuer les blessés de Bastogne et prêter main-forte aux troupes de la ville. Pour les autres éléments de la 4e blindée, les événements se poursuivent. Le *Combat Command* A prend Strainchamps, le B, Grandru. Le périmètre de Bastogne se réduit, mais les Allemands n'ont pas dit leur dernier mot. Patton, lui, savoure.

> La journée a été plutôt épuisante : en dépit de tous nos efforts, nous n'avons pas réussi à prendre contact avec les défenseurs de Bastogne. À 14 heures, Gaffey m'a téléphoné pour me dire que si je l'autorisais à en prendre le risque, il pensait que le colonel Wendell Blanchard pouvait entrer dans Bastogne au prix d'une avance rapide. Je lui ai dit d'essayer. À 18 h 45, ils avaient le contact et Bastogne était libérée. C'était un coup d'audace bien exécuté. Bien sûr, ils pourraient encore se faire couper, mais j'en doute… La vitesse de nos mouvements est stupéfiante, même pour moi, et ce doit être une surprise permanente pour les Allemands.

Le lendemain, il fait part, à son journal, de ses états d'âme sur la future conduite de cette bataille :

> Bradley est parti à 10 heures pour voir Ike, Montgomery et Smith. Si Ike voulait lui donner le commandement des Première et Neuvième Armées, nous pourrions

> mettre dans le sac la totalité de l'armée allemande. Si seulement Ike avait un peu plus un tempérament de joueur ! Et c'est pourtant un lion comparé à Montgomery, et Bradley dépasse sûrement Ike, du moins pour ce qui concerne les nerfs. Naturellement, il a commis une grave erreur en restant passif sur le front du VIIIe Corps. Monty n'est qu'un petit péteux. La guerre réclame qu'on prenne des risques et il ne veut pas les prendre… Si je pouvais avoir trois divisions de plus, je pourrais gagner cette guerre maintenant.

Alors qu'il a prévu de se rendre à Bastogne le lendemain, Patton, en ce 29 décembre, revient sur son fait d'armes dans une longue lettre à son épouse :

> La délivrance de Bastogne est l'opération la plus brillante que nous ayons effectuée jusqu'à présent et, à mon point de vue, la plus belle réussite de cette guerre. Ce sera maintenant à l'ennemi de se mettre à notre rythme et non pas nous au sien [...] Nous allons lancer une nouvelle série d'attaques qui peuvent bien être décisives si je pouvais seulement convaincre Eisenhower de consacrer ses réserves à l'attaque et non à la défense. C'est ma plus grande bataille.

Patton se rend sur le champ de bataille. Il est rapidement reconnu et acclamé par ses hommes. Il n'hésite pas à mettre la main à la pâte, participant, suivant certains témoignages, au dégagement de véhicules immobilisés par le verglas. Dans Bastogne, Patton rencontre McAuliffe. « Quand Patton est arrivé, je l'ai serré dans mes bras. Je l'ai entraîné dans ma jeep et j'ai fait le tour de la ville avec lui. Je crois que je ne savais plus très bien ce que je faisais », expliquera le commandant de la 101e. Ensemble, ils visitent le théâtre des opérations. Patton prend des photos de chars allemands détruits. Il décore ensuite McAuliffe.

UNE NUIT AU CHÂTEAU

Pour le soixantième anniversaire de la Bataille, TVLux, télévision de la province de Luxembourg, propose une remarquable série d'émissions baptisée «Un mois en enfer». Un livre éponyme sortira de presse, avec de nombreux témoignages d'acteurs de ces événements. Un de ces témoignages concerne la nuit passée par Patton au château de Rolley. Nicole Maus de Rolley, 26 ans en décembre 1944, explique : «Il est arrivé pour décorer Chapuis et McAuliffe. Il n'avait pas dormi depuis je ne sais pas quand et on l'a mis dans le premier lit qu'on a trouvé qui était celui de l'une de nous. Son chauffeur a dormi dans le corridor sur des dalles de marbre noires et blanches. Il a dormi là avec peut-être une couverture en dessous de lui, mais sans matelas. Il gelait à moins 20, il a dormi sur du marbre, dans un courant d'air, puisque la porte restait ouverte. Il a dormi toute la nuit. Je pense qu'il avait sommeil.» Le lendemain, les occupants du château sont surpris d'y découvrir le général. Le témoin poursuit : «La personne qui logeait dans cette chambre-là et qui était montée pour faire sa toilette a été un peu effrayée en entendant le ressort de son lit qui grinçait et un solide ronflement. Elle est partie épouvantée et a dit : "Il y a quelqu'un dans mon lit". On s'est demandé qui c'était. On s'en est enquis et on a su que c'était Patton.» Ce jour-là, Patton décore le général McAuliffe et le colonel Chapuis. Nicole Maus de Rolley ponctue : «Les deux officiers étaient sur les marches de l'escalier et Patton était en dessous. Il les regardait. C'était un gros costaud, avec une tête puissante. C'était un bouledogue.»

« Patton, évidemment »

La résistance héroïque de Bastogne, le coup de force aussi rapide que gagnant de Patton ne laissent évidemment pas la presse insensible. Après Bastogne, le très sérieux *Washington Post* titre « Patton, évidemment ». Aux USA, le général apparaît de plus en plus comme l'homme providentiel, comme « le » général capable de tout faire et, bien entendu, de gagner la guerre. Personne n'ose encore le critiquer. On ne parle plus des gifles. Tout peut lui être pardonné. Tout lui est d'ailleurs pardonné. Cette popularité, il l'avait déjà eue en 1942, à l'époque de la campagne d'Afrique du Nord. Il écrit à une connaissance, à cette époque : « Tous mes remerciements pour les coupures de presse que vous m'avez envoyées. Sans vous, je n'aurais jamais rien su de mon apparente célébrité. » Patton sait « jouer » avec la presse. Pour lui, c'est du show. Il sait ce qui plaît aux journalistes : un langage cru, des paroles qui peuvent déranger, voire entraîner la polémique. Il ne manie par la langue de bois. Au contraire. Dans son analyse critique des carnets de notes de Patton, l'historien Boris Laurent évoque une conférence de presse à Luxembourg, le 1er janvier 1945. Elle est éloquente quant à la vision des choses de Patton. Un Patton qui, en outre, soigne sérieusement son look :

> *Patton.* – Le but de cette opération, pour autant que la Troisième Armée soit concernée, est de frapper ces fils de garce – excusez-moi – dans le flanc, ce que nous avons fait avec le résultat qu'il est arrêté net et doit battre en retraite. Si vous trouvez dans la jungle un singe pendu par la queue, il est plus simple pour l'attraper de lui couper la queue que de lui donner des coups de pied dans la figure. C'était exactement la même chose ici. Je suis enchanté de la situation… Je n'aurai jamais fini de m'émerveiller de ce que nos soldats peuvent faire.

Peut-être vous dira-t-on maintenant que George Patton est un grand homme, mais je n'en ai rien à faire. J'ai donné mes ordres au général Gay et à l'état-major, et ils ont mis le mouvement en route. Ceux qui l'ont exécuté, ce sont les jeunes officiers et les soldats. Lorsque vous pensez à ces hommes marchant toute la nuit dans ce froid, sur des routes qu'ils n'avaient jamais vues, sans qu'aucun se perde, chacun gagnant son poste à temps, vous avez l'impression d'un remarquable exploit.

DES BELGES AVEC PATTON

Après la libération du territoire, en septembre, nombreux ont été les résistants qui ont souhaité poursuivre la lutte aux côtés des Alliés. Équipés par les Américains, ils allaient composer les « bataillons de fusiliers ». Pendant l'offensive des Ardennes, le Ve s'illustre en boutant le feu au dépôt d'essence de Francorchamps, évitant ainsi qu'il ne tombe aux mains des Allemands. Le 11e bataillon fut incorporé à la IIIe armée, celle de Patton. Arrivés à Bastogne à la fin de l'offensive, ces « fusiliers » sont chargés de missions de garde et de protection des arrières. Servir sous Patton fut une expérience extraordinaire, comme le confiait le colonel Bernard à *La Libre Belgique*, le 6 juin 1994 : « Ce fut l'aventure de la IIIe armée, les gars venaient d'un peu tous les milieux, mais, le point commun, c'était cette petite expérience de la guerre de l'ombre. Après une instruction rapide, nous avons rejoint les G.I. dans le Luxembourg, puis le bataillon a passé le Rhin et a fini sa course en Thuringe. Il s'agissait de couper la retraite aux détachements allemands débandés, de stopper leurs mouvements. Le "Belgian Bataillon" était fondu dans les troupes américaines : par pelotons de trente hommes, à la disposition de Patton. Un chef formidable. Un jour, avec une colonne de chars, nous l'avons croisé. Tout a stoppé sur place. Il est passé sous les hourras dans sa jeep de commandement : tout le monde jetait son casque en l'air. Il fallait avoir vu cela ! Et nous l'avons vu ! »

Je ne connais rien de semblable à cela dans l'histoire militaire…Je leur tire mon chapeau. La 35e a fait des merveilles. Avant-hier, la 11e DB et la 87e DI arrivaient de Reims. Elles étaient attendues dans l'après-midi. La 11e n'est arrivée qu'à 22 heures et a attaqué à 8 heures le lendemain matin ; la 87e n'est arrivée qu'à 6 heures du matin, et a attaqué à 6 h 30. La synchronisation fut parfaite… Si j'étais un menteur, je vous dirais que je l'avais prévu, mais la réalité, c'est que j'ai eu une chance du diable… Je pense que le jour crucial a été hier. L'ennemi pouvait encore faire quelque chose ; maintenant il ne peut plus. Pas un mot, bien sûr, de tout ceci…

Question. – Est-ce que la Première Armée va démarrer bientôt ?

Patton. – Je ne suis pas le gardien de mon frère.

Question. – … vos plans ?

Patton. – … nous voulons prendre autant d'Allemands que possible, mais ils se retirent.

Question. – Si vous en ramassez un grand nombre, y a-t-il une chance que le front s'écroule ?

Patton. – Pourquoi croyez-vous que je suis allé à l'église hier ?

Question. – Et les blindés ennemis ?

Patton. – Du diable s'il leur en reste beaucoup… à moins que leurs chars ne se reproduisent.

Question. – Et la ligne Siegfried ?

Patton. – Jamais dans l'histoire du monde on n'a vu une ligne défendue avec succès. Les Troyens avaient édifié un grand mur, mais les Grecs le prirent ; Hadrien construisit un mur ; les Chinois construisirent un mur ; les Français – qu'ils me pardonnent – construisirent un mur sens dessus dessous. Nous construisîmes des murs pendant la première guerre, car les tranchées ne sont rien de plus que des murs inversés. La seule façon de gagner une guerre est d'attaquer et d'attaquer encore et après l'avoir fait, recommencer à attaquer davantage.

Question. – Mon général, quel était, selon vous, l'objectif ultime de l'attaque des Ardennes ?

Patton. – Je veux bien être damné si je le sais. Ma théorie particulière, qui n'a d'autre base que ma brillante imagination, est que l'État-Major général allemand savait que la guerre était perdue s'il restait sur la défensive, et il a cru pouvoir trouver un moyen de reprendre l'initiative en attaquant. Je pense aussi qu'ils se préparent pour une troisième guerre mondiale et qu'ils croient que le prestige de l'armée allemande sera plus grand si elle succombe en attaquant que si elle s'effondre dans la défensive. Mais c'est là mon opinion personnelle.

Patton n'apprécie pas forcément toute la presse. En témoigne cette polémique née avec un caricaturiste du magazine *Stars and stripes*. Celui-ci dessine des G.I. sales, en tenues négligées. Pire pour Patton, il ironise ouvertement sur les amendes que Georgie inflige aux soldats qui ne respectent pas la tenue réglementaire. Ike organisera une réunion entre les deux hommes. Mais ce tempérament ne plaît pas à tous. S'il n'est pas autorisé, surtout depuis Bastogne, de critiquer Georgie ouvertement, des considérations peuvent cependant voir le jour. Ingrid Baraitre publie ainsi ces notes de Bradley, prises après la guerre :

> Patton souffrait d'un dédoublement de la personnalité, comme le docteur Jekyll et Mister Hyde. Il jouait le rôle qu'il s'était imposé vingt ou trente ans plus tôt. Après la Sicile, je l'aurais bien licencié et j'aurais voulu ne plus avoir à faire avec lui. Il était haut en couleur, exubérant, fougueux, mais il avait également tendance à traiter les soldats comme des idiots. Sa conception des ordres était diamétralement opposée à la mienne. C'était un *showman* et, manifestement, c'était toujours le show qui l'emportait.

PATTON APRÈS BASTOGNE

Objectif : Houffalize

Il serait illusoire de considérer qu'une fois Patton arrivé à Bastogne, les combats aient cessé. Au contraire. Les forces allemandes ont encore lutté de longs jours dans ce fameux « périmètre de Bastogne ». En témoigne le journal de Georgie en date du 31 décembre :

> La journée a été longue. Les Allemands ont lancé une violente contre-attaque contre la 26e Division d'infanterie. Il a neigé toute la journée et la neige gelait aussitôt, si bien que les tracteurs chargés de tirer notre artillerie lourde et moyenne étaient parfaitement inutilisables [...] Le nombre total des contre-attaques ennemies s'élève à 17, toutes repoussées. D'un autre côté, nous n'avons pas gagné grand terrain.

La partie, si elle tourne à l'avantage des Alliés, n'est pas pour autant gagnée : «Toutes mes troupes sont là où il faut, de sorte que, si nous perdons, ce sera parce que l'ennemi se bat mieux et non à cause des fautes que j'aurai pu commettre.» Le 5 janvier, quelques jours après ces notes,

Patton se plaint des nouvelles recrues. Il reconnaît, en outre, l'ardeur au combat de ses ennemis : « Ces Allemands sont des combattants diaboliques. Ils en arrivent parfois à me rendre sceptique sur l'issue de cette pièce.» Patton a, bien évidemment, ses plans : il faut réduire le saillant et repousser les Allemands. En attaquant vers Houffalize, il pourra, en outre, prendre ces derniers à revers. Il s'en ouvre à Middleton. Il est important d'aller vite. Tout le monde ne partage pas l'enthousiasme de *Blood and gusts* :

> Je veux attaquer au nord, à partir de Diekirch, mais Bradley entend lancer de nouvelles divisions dans la bataille de Bastogne. C'est jeter la bonne monnaie après la fausse. Par ce temps, et sur la défensive, les Allemands peuvent s'installer si bien que nous ne pourrons jamais les coincer alors que si nous les attaquons à la base du saillant, il leur faudra s'en dégager et nous regagnerons du terrain et prendrons tout autant de prisonniers que de l'autre façon… La 11e DB est bien novice et subit, pour un résultat nul, des pertes excessives. Il y a eu aussi quelques incidents malheureux, des exécutions de prisonniers. (J'espère que nous pourrons les cacher). La 17e aéroportée qui attaquait ce matin a reçu un sacré coup sur le nez et l'on rapporte pour certains de ses bataillons jusqu'à 40 pour cent de pertes. C'est aberrant. Parler de plus de 8 à 10 pour cent de pertes pour une seule journée est un affreux mensonge à moins que les gens ne s'enfuient ou ne se rendent en masse. Ce général Miley ne m'avait guère impressionné lorsque je l'ai rencontré à Bastogne… Il me déclara qu'il ne savait pas où se trouvait son régiment de droite, mais il n'était même pas dehors pour essayer de le trouver. Bastogne était bombardée lorsque j'y allais. Les éclairs de nos canons étaient magnifiques sur la neige. Il m'a fallu deux heures pour rentrer de Bastogne dans la nuit, et il faisait très froid. Nous pouvons encore perdre cette guerre.

> Néanmoins, les Allemands ont plus froid et plus faim que nous, mais ils se battent mieux. Je ne parviendrai jamais à triompher de la stupidité de nos bleus.

Début janvier, il est décidé, de commun accord avec Patton, que la poche de Bastogne doit être nettoyée avant de penser à lancer l'offensive vers Houffalize. Mais l'état-major allié, Georgie en premier, constate que les Allemands se replient. Ils lancent pourtant une nouvelle offensive en Alsace. Les rapports se font alarmistes et l'on pense que les Allemands attaquent partout ou vont attaquer dans tous les secteurs. Georgie garde son sang-froid. Même s'il peste parce que Dwight Eisenhower veut faire manœuvrer certaines unités :

> C'est la seconde fois que l'on me stoppe au cours d'une attaque réussie parce que les Allemands ont les nerfs plus solides que nous, je ne parle pas de moi, mais de quelques-uns des autres. L'aptitude des troupes américaines à la manœuvre est remarquable si elles sont bien menées. Mais leur aptitude à se battre n'est pas aussi bonne.

MONTY ET ENCORE MONTY

Début janvier 1945, une polémique naît au sein du clan allié. Montgomery affirme, à plusieurs reprises, que Dwight Eisenhower est fatigué et que lui, Monty, se verrait très bien à sa place, quitte, s'il le faut, à prendre Ike comme second. Patton, apprenant cela, affirme que, si ça devait être le cas, il demanderait tout simplement à « être relevé » ! Pour bien enfoncer le clou, Monty assure devant des journalistes que, lors de la bataille des Ardennes, il a pris les bonnes dispositions pour éviter aux Allemands de prendre la Meuse alors que, note-t-il, « les forces américaines venaient de subir un important revers ». On imagine aisément les noms d'oiseaux lancés par Patton lorsqu'il a eu écho de cette vision des choses.

Patton a Houffalize comme objectif. La jonction avec les armées du nord devra se faire là. Qui y sera le premier ? Les armées du nord, sous le commandement de Montgomery, ou les siennes, sa IIIe armée. Le 12 janvier, la 11e blindée de Patton, la «Thunderbolt», est lancée en direction de la ville ardennaise : Houffalize ? Ils doivent s'en emparer car ils n'ont pas grand-chose devant eux. Cela va remonter le niveau de nos opérations et, depuis la traversée de la France, c'est la plus importante de celles que nous avons entreprises.» Georgie anticipe déjà : « Une fois Houffalize prise, nous aurons opéré la jonction entre la Première et la Troisième armée, ce qui permettra à Bradley de reprendre la Première armée sous son contrôle et ce sera tout avantage, car Bradley est bien moins timide que Montgomery ! » Patton sent que ses troupes « en veulent », il l'écrit dans son journal :

> Il existe aujourd'hui une différence essentielle dans l'attitude des officiers et des hommes. Ils sentent tous qu'ils sont dans le camp gagnant, poursuivant un ennemi battu alors que, hier encore, ils se demandaient s'ils pourraient stopper l'attaque allemande [...] Maintenant que tout le monde sait que l'ennemi est battu, ils se sentent sûrs d'eux. Jusqu'alors, j'étais le seul sûr de la victoire.

La 11e blindée, pour rejoindre Houffalize, ne prend pas la route directe au départ de Bastogne. Elle part de Longchamps à une encablure de là. Le 15 janvier, il reste encore à la 11e blindée une dizaine de kilomètres à parcourir. La Ire armée, quant à elle, en a moins de la moitié ! Patton exige que ses hommes soient à Houffalize le 16. À Bonnerue, une partie de la 11e blindée décide de passer par les bois, évitant ainsi les Allemands. Elle sera fortement ralentie lorsqu'elle devra franchir le Suhet, petit cours d'eau qui, avec les conditions hivernales, a ses abords gelés et un débit particulier. Le 16 janvier à 6 h 30, ils sortent de la forêt. En avançant vers Houffalize, ils sont accrochés par les Allemands en poste à l'entrée de Houffalize. Une patrouille franchit l'Ourthe et rencontre, vers 10 heures, des éléments de la 2e blindée (Ire armée). Presque au même moment, au moulin de Rensiwez, les deux armées font également leur jonction.

La veille de cette jonction, Patton espère que l'aviation fera le travail qu'on attend d'elle. Il émet des doutes cependant. Lorsqu'il apprend la rencontre des deux armées, il jubile. Il a, en effet, été à la tête de la 2e blindée, la fameuse « Hell on wheels » : « La 11e DB a pris le contact avec la 2e (Première armée) à Houffalize. Voilà qui rend à Bradley sa Première armée et met un point final à l'offensive allemande. Il ne nous reste plus qu'à les ramener à l'arrière. » Cette bataille va passer dans les rangs de ses souvenirs, de ses bons, voire très bons souvenirs mais la tâche qui l'attend est encore lourde : c'est le Reich qui se profile à l'horizon. Là aussi, Georgie compte bien y jouer les premiers rôles. Alors qu'il est à Arlon où il félicite plusieurs officiers, dont Middleton, il souligne :

> J'ai prévenu les commandements de divisions et de corps des armées qu'il faudrait continuer à attaquer et que je savais qu'ils étaient fatigués. Il faudra donc qu'ils s'arrangent pour avoir en permanence un tiers de leurs forces au repos parce que nous allons désormais continuer à attaquer jusqu'à la fin de la guerre.

PATTON, POÈTE

Lorsque ses troupes pénètrent à Houffalize, la ville est totalement détruite. Plusieurs raids britanniques ont rayé la cité de la carte. Patton écrit quelques vers devant ces ruines, traduits par Jo Verbrugghen, aujourd'hui décédé, pour le compte du Cercle d'histoire Segnia :
Houffalize, petite ville que nous avions connue paisiblement endormie, Il fallut que des avions survolent tes rues abruptes et tes rochers battus. Depuis cette nuit-là aucune foutue lumière n'éclaire plus tes obscures ruelles, Espoirs et peurs, depuis des siècles confondus, furent engloutis par l'enfer la nuit dernière.

BASTOGNE, LE RETOUR

En plein mois de février, alors que, pour lui, Bastogne doit être loin dans ses esprits, Patton reçoit un coup de téléphone de Bradley. Il annonce qu'Eisenhower arrive à Bastogne. Il y convie Patton. Georgie note à ce sujet, en parlant de Bradley : « Je crois que c'est seulement parce qu'il désire se faire photographier dans cette cité historique. » Cette fameuse photo fera le tour du monde.

Le bilan de la bataille des Ardennes est très lourd (chiffres donnés par le colonel Engels) : côté allemand, on estime à dix-sept mille deux cents le nombre de tués et à trente-quatre mille le nombre de blessés. Seize mille seront faits prisonniers. Les Britanniques ont perdu deux cents hommes, deux cent trente-neuf ont été portés disparus et neuf cent soixante-neuf blessés. Pour les troupes américaines (le bilan exact étant impossible à faire étant donné que l'armée américaine a englobé dans ses «statistiques» la campagne d'Alsace), on recense dix-neuf mille morts et quarante-sept mille blessés. La IIIe armée, suivant les chiffres donnés par Ingrid Baraitre, a vu la mort de trois mille quatre cent treize soldats, vingt mille six cent cinquante ont été blessés et sept mille huit cent soixante-dix portés disparus. Sur le plan matériel, les hommes de Patton ont perdu trois cent trente-six blindés et mille huit véhicules. Des chiffres qu'elle nuance avec d'autres. Churchill, pourtant avare d'éloges, affirme qu'il s'agit «du plus haut fait d'armes américain, un fait d'armes qui restera une célèbre victoire américaine». Le correspondant de guerre et historien de la bataille, le colonel S.L.A. Marshall, dira : «Nulle part ailleurs, jamais il n'y eut autant de sang américain versé au cours d'une même bataille.» Son récit des événements figure sur les parois intérieures du Mardasson à Bastogne.

DANS LA BATAILLE, ON RECONNAÎT LE CHEF !

La bataille des Ardennes a fait de Patton un héros. Personnellement, à la façon de Jules César, il commente ses expéditions. Le jour de la jonction à Houffalize, il écrit à son fils George : «L'art de mener les hommes, c'est cela qui gagne les batailles. Je l'ai, mais je veux être damné si je suis capable de le définir. Cela consiste probablement à savoir ce que l'on veut et à le faire et à se rendre malade si quelqu'un se met en travers. La confiance en soi et l'art de mener les hommes sont des frères jumeaux. » Concernant ses soldats, il note à une autre occasion : « Nos soldats ont réalisé un exploit dont je ne connais aucun autre exemple dans l'histoire ! Chapeau ! »

En janvier, Patton y va de quelques considérations sur celui qui fut son subordonné avant de devenir son supérieur, Omar Bradley : « Bradley va aujourd'hui [N.d.A. : le 26 janvier 1945] rejoindre son nouveau poste de commande à Namur. Je l'ai appelé pour lui dire au revoir. C'est un bon officier, mais il manque complètement de "ça". C'est désolant. » Quelques semaines plus tard, sur ses notes, c'est à Millikin, qui sert sous ses ordres, qu'il s'en prend : « Bien que Millikin ait fait du bon travail à Bastogne, c'était quand même un amateur à côté des autres commandants de corps d'armée. Je ne l'aime pas et je ne l'ai jamais aimé. »

PARTIE 4

PATTON, UN HÉRITAGE

PATTON EST TOUJOURS DANS LE COUP

Jusqu'en Tchécoslovaquie

La fin de la bataille des Ardennes ne signifie pas la fin de carrière de Patton. Bien au contraire. Tout auréolé de sa victoire dans le saillant belge, il compte bien jouer les premiers rôles pour le dernier acte : la prise du Reich. En février 1945, la IIIe armée combat sur un périmètre Sarre-Moselle-Rhin. Patton se plaint toujours de son manque de ravitaillement et n'hésite pas à couvrir des opérations de vol dans des dépôts d'autres unités pour alimenter ses blindés.

La campagne d'Allemagne, c'est un Patton conquérant qui pense que, sans lui, rien n'est possible. Il peste, sur le ravitaillement, nous l'avons évoqué, mais aussi sur ses collègues. Quand il ne reproche pas à d'autres officiers de lui voler ses idées, il souligne le manque de coordination et d'ordres clairs... : « Le seul groupement que je voudrais commander serait en Chine et sans Alliés ! Ici, les choses sont tirées en tant de directions diverses à la moindre saute de vent que nous avançons très lentement », écrit-il à sa femme en février 1945. Le jour même où il envoie cette lettre, il se retrouve face à sa troupe : il est dans son élément. Et ses hommes le lui rendent bien. Son journal indique : « Entré en Allemagne [...] Les hommes ont paru surpris de me voir. À vrai dire, il n'y avait que peu de chance de se faire toucher et le jeu en valait bien la chandelle compte tenu de l'effet sur la troupe. » Il ponctue ces notes par : « Je puis encore être le premier sur le Rhin. » Être le premier sur le Rhin : le nouveau défi que Patton s'est fixé. Et bien entendu, dans cette phrase, il faut lire : être là avant Montgomery ! Et ce jeu commence à irriter considérablement Ike qui, dans une lettre à Marshall le 12 mars, écrit : « Je suis las de tenter d'empêcher les divas qui couchent dans le même lit de tirer les couvertures à elles. » La IIIe armée prend plusieurs villes comme Bitburg ou Coblence. *Blood and gusts* continue à attaquer, fidèle à ses théories. Il souligne même que l'armée américaine, exception faite de sa IIIe armée, ne fait rien, mais que, lui, continuera l'offensive.

RENDRE TRÈVES ?

En mars 1945, les troupes de Georgie prennent Trèves, une des capitales de l'Empire à l'époque de la tétrarchie. On peut imaginer Patton, contemplant la Porta Nigra, tel un empereur romain ! Il lit d'ailleurs *in situ* les *Commentaires sur la guerre des Gaules* de César. La prise de la ville a une nouvelle fois été signée d'un fameux coup d'audace de Patton. Il a attaqué avec seulement deux divisions. Bradley lui avait intimé l'ordre d'attendre des renforts et de foncer avec le double d'effectifs. Sur ce point d'ailleurs, Bradley, après la prise de la ville, lui fera quelques griefs sur son impertinence. Ce à quoi Patton, non sans humour, rétorque : « Dois-je rendre Trèves aux Allemands ? »

Le 17 mars, conférence de presse de Patton à Luxembourg. Un régal pour les journalistes :

> Savez-vous qu'aujourd'hui, la Troisième armée est en opération depuis 230 jours et que nous avons fait 230 000 prisonniers, soit un millier chaque jour ! Nous allons faire une photo du 230 000ᵉ soldat capturé. Ils n'ont pas voulu nous laisser publier notre dernière photo, car il ne faut pas humilier un prisonnier de guerre en montrant sa figure. Cette fois, nous prendrons une photo de son cul !

Plus tard, il lance à la presse :

> Un petit bout de publicité que je vous demande, non pas pour moi (Dieu sait que j'en ai suffisamment et je pourrais me présenter à la porte du paradis, saint Pierre me reconnaîtrait directement), mais pour mes officiers et mes hommes. Vous pouvez donner les numéros de chacune de mes divisions. Je veux que les Allemands sachent que j'ai quatre divisions blindées prêtes à sauter sur eux. Bien entendu, vous n'avez pas à savoir où elles se trouvent !

Alors que Patton progresse, Montgomery prévoit de franchir le Rhin. L'opération sera médiatisée : de nombreux journalistes sont là, et Winston Churchill en personne a tenu à voir ses troupes à l'œuvre. Eisenhower est venu jusqu'à Maastricht, au Q.G. du général Simpson. Nous sommes le 23 mars. Le hic, c'est que la nuit du 22 au 23, Bradley a été réveillé par un coup de téléphone. Patton, à l'autre bout du fil, lui dit : « Brad, n'en parle à personne, mais je suis de l'autre côté !» Bradley croit rêver : Patton vient de franchir le Rhin avec une division entière. Une partie facile suivant Georgie, les Allemands n'ayant opposé qu'une résistance limitée. Une de ses têtes de pont est Oppenheim, là où Napoléon avait également franchi le fleuve. Patton doit y voir un sens de l'histoire, du moins de sa destinée. Georgie souligne dans son journal :

> La 5e d'infanterie est de l'autre côté du Rhin : Dieu soit loué [...]. Je suis plein de reconnaissance envers le Seigneur pour les bénédictions qu'il a accumulées sur moi et la Troisième armée, non seulement pour le succès qu'il nous a accordé, mais aussi pour le temps qu'il nous assure maintenant.

Pour Patton, tout comme Montgomery, passer le Rhin, c'est s'offrir la route de Berlin, le «jackpot», la victoire la plus prestigieuse s'il en est. Les Alliés abandonneront la capitale du Reich aux Soviétiques. Patton avance irrésistiblement. Il s'enquiert parfois du sort des civils allemands, de ces réfugiés. Il ordonne d'ailleurs que tous les véhicules réquisitionnés ou volés aux civils soient rendus : «Les Allemands, qu'on les aime ou non, doivent pouvoir vivre et ils n'ont plus aucun moyen de transport.» Survolant Nuremberg, rasée par les bombardements, il regrette «la destruction d'autant de monuments historiques». Les Allemands se battent avec l'énergie du désespoir :

> Nous ne rencontrons plus jamais la moindre opposition parce que les forces allemandes les plus importantes se battent contre Monty, du moins c'est ce que dit ce dernier. Au surplus, il se fait tellement de publicité qu'ils savent très bien où il va, alors que moi, je les dupe.

Le 14 avril 1945, Patton est promu général 4 étoiles. Le rêve d'une vie s'accomplit. Une quinzaine de jours plus tard, ses troupes sont en Bavière, en Autriche et à la frontière tchécoslovaque. Patton veut Prague. Comme à son habitude, il fonce. Ike lui intime l'ordre de stopper net, à hauteur de Pilsen. Les trois grandes nations se sont déjà partagé l'Europe et la Tchécoslovaquie va passer dans le giron soviétique. Patton stoppe donc, la mort dans l'âme.

L'HORREUR DES CAMPS

Patton visite, en avril 1945, avec Eisenhower et Bradley, le camp de concentration d'Ohrdruf, un des nombreux camps annexes de Buchenwald. Il écrit : « C'est l'une des choses les plus affreuses qu'il m'ait été donné de voir. Un survivant nous a montré comment les nazis punissaient les captifs qui avaient tenté de fuir : les malheureux étaient pendus avec une corde piano pour que la mort soit la plus lente possible [...]. Lorsque nos troupes se sont approchées, les SS ont essayé de faire disparaître les preuves de leur crime [...]. J'ai décidé de faire visiter le camp aux Allemands des alentours ainsi qu'à un maximum de soldats de la Troisième armée pour qu'ils voient tout ça de leurs propres yeux. Le jour même, j'ai confronté le maire de la ville et sa femme à ces horreurs. De retour chez eux, ils se sont pendus. » Patton visite, le lendemain, Buchenwald : « Sincèrement, les mots me manquent pour décrire l'horreur de ces lieux. J'ai convoqué la presse pour que les journalistes rapportent au monde entier la sauvagerie dont les Boches ont fait preuve. » Il pleure lorsqu'un survivant, dans l'état que l'on devine, se met au garde-à-vous devant lui. Patton lui rend le salut, n'osant lui serrer la main de peur de la lui briser !

LA FUTURE GUERRE FROIDE EST EN MARCHE

« Si vous voulez Moscou, je peux vous l'offrir. »
Patton au secrétaire d'État à la Défense

Le danger soviétique

La guerre se termine. L'Allemagne capitule. Incontestablement, Georgie a été un des artisans de la victoire. Sa vision des choses, la motivation qu'il donne à ses hommes ont été des facteurs déterminants. La guerre se poursuit contre le Japon. Patton voudrait participer, mais sa hiérarchie refuse au grand dam du général. Patton est aussi un analyste politique. Il sent déjà le danger que représente l'URSS. En enfant du Sud, il n'aime pas les communistes. Il insiste pour que les troupes américaines, et surtout les siennes, restent sur le pied de guerre. Il le sent : la prochaine étape, la suite presque logique de cette Seconde Guerre mondiale, c'est un conflit entre les deux superpuissances : l'URSS et les USA. Il explique au secrétaire d'État à la Défense :

> Laissez-nous astiquer nos bottes, aiguiser nos baïonnettes et présenter aux Russes une image de force et de fermeté car c'est le seul langage qu'ils connaissent et qu'ils respectent. Sinon, laissez-moi vous dire que notre victoire sur les Allemands n'aura servi à rien et que nous aurons perdu la guerre. J'ai vu les Russes, leur système de ravitaillement est inadapté au type de bataille auquel je peux les contraindre. Ils ont des poulets dans des cages et du bétail sur pied. Voilà leur logistique [...]. Au mieux, ils tiendraient le coup 5 jours ; ensuite, peu importe combien de millions d'hommes ils ont, si vous voulez Moscou, je peux vous l'offrir. Ne leur laissons pas le temps de faire des stocks. Si nous le faisons, nous aurons battu et désarmé les Allemands mais nous aurons échoué à l'Europe et nous aurons perdu la guerre.

Pour ce dernier, Georgie a perdu le sens des réalités, ne possède pas une vue d'ensemble et, surtout, n'a aucune idée de la *realpolitik*. Cette *realpolitik,* Patton va devoir s'y conformer, bon gré mal gré. Il rencontre à plusieurs reprises des officiers soviétiques. Il en décore certains, mais pense que ces « Ruskovs » vont tenter de le saouler pour en savoir plus sur ses intentions. À Béatrice, sa femme, il écrit le 13 mai 1945 *:*

> Tout le monde voulait me faire boire de la vodka, mais j'ai décidé que ce serait du whisky. Les résultats ont été excellents, le général russe est reparti rétamé alors que je n'ai même pas eu mal à la tête. Mais j'ai constamment mis de l'eau dans mon bourbon, pas lui. Lorsque j'ai porté la santé de Staline et de la IVe armée de la Garde, j'ai fait skaal avec lui et j'ai cassé mon verre. Je crois avoir mérité une belle médaille car son aide de camp a dit que j'étais le seul homme qu'il ait rencontré avec un tel estomac de fer. Quand j'ai brisé mon verre, il m'a embrassé.

Georgie ponctue par une analyse dont il est coutumier face aux « étrangers » : « C'est une race inférieure, de véritables sauvages. Nous pourrions les battre à plate couture ! » Un peu plus tard, alors qu'il est décoré par les Soviétiques, il jauge un officier russe dans son journal : « C'est un homme d'une classe inférieure qui n'a cessé de transpirer abondamment. » Georgie poursuit : « À quelques rares exceptions près, les officiers ont l'apparence de bandits mongols récemment civilisés. » Mongols, un surnom qu'il donne aux Soviétiques dans nombre de ses notes. Un seul point positif cependant, qui doit plaire à Patton : « Je n'ai jamais rencontré dans aucune armée à aucune époque, même dans l'armée impériale allemande en 1912, une discipline aussi sévère que celle qui existe dans l'armée russe. »

Patton en Bavière

Patton est gouverneur. Ses choix sont controversés. Lors d'une conférence de presse, en septembre, il craque : « Nous avions toute la canaille et les chiens sans queue de la grande presse américaine », note-t-il dans son journal. Georgie fait un amalgame entre les nazis et les républicains et démocrates de son pays. Du pain bénit pour la presse. Patton sent que, cette fois, il a franchi le Rubicon ! La réaction de Dwight Eisenhower, qui doit sérieusement être excédé par les frasques de Patton, ne se fait pas attendre. Mais Georgie est un ami de longue date. Pas question, donc, de le renvoyer. Il est affecté à la XVe armée. Cette dernière n'est pas une unité combattante. Au contraire, sa mission est administrative et historique : elle est censée recueillir des témoignages pour écrire l'histoire des USA lors de cette Seconde

Guerre mondiale. « Choses que personne ne lira », commente-t-il. C'est pour lui une voie de garage inadmissible. Il le dit : il va démissionner de l'armée. Il prévoit de le faire à l'entame de 1946. À Béatrice, son épouse, il écrit, fin août 1945 : « Je suis décidé à quitter l'armée lorsque je partirai d'ici. Du moins, est-ce ce que je pense aujourd'hui [...]. Je ne vois aucun poste qui me séduise. Mais il m'est déjà arrivé d'être dans une impasse et de m'en sortir pour le mieux. Peut-être quelque chose va-t-il changer [...]. » Il poursuit sa lettre par une considération sur l'avenir de l'Europe : « En fait, les Allemands sont le seul peuple décent qui subsiste en Europe. Il faut choisir entre eux et les Russes. Je préfère les Allemands. » Le danger communiste est important à ses yeux. *A fortiori* lorsqu'il assiste à certaines scènes, comme il l'écrit dans son journal en novembre : « Dans leur zone d'occupation, les Russes donnent les rations alimentaires plus importantes aux Allemands qui se font communistes. Cela rappelle la méthode de Mahomet, pour recruter des musulmans. Il n'y a rien de nouveau sous le soleil. »

PATTON ET LA BOMBE ATOMIQUE

La fin de la Seconde Guerre mondiale est marquée par l'utilisation, à deux reprises, de la bombe atomique sur le Japon. Dans une lettre, datée du 21 août, Patton écrit : « L'avènement de la bombe atomique n'a rien de plus surprenant que le geste du premier homme qui s'empara d'une roche pour écraser la cervelle d'un autre homme, dévaluant ainsi la méthode vieille comme le monde qui consistait à se battre avec ses dents et ses griffes. À coup sûr, cette bombe atomique n'est pas plus surprenante que le premier canon ou le premier moteur à essence ou le premier sous-marin. Je ne conteste pas l'intelligence de ceux qui l'ont mise au point, mais je marque le manque d'intelligence de ceux qui veulent l'utiliser comme un moyen de rendre notre pays sans défense. La seule méthode pour arrêter un bombardement atomique d'un pays par des bombes volantes, comme ce sera le cas au début de la prochaine guerre, est d'être capable d'envahir le pays qui lance les bombes et détruire les endroits où on les fabrique. Nous avons fait plusieurs fois la preuve que nous ne pouvons pas détruire une usine par un bombardement aérien. En fait, j'en sais considérablement plus sur la bombe que je ne suis autorisé à le dire, mais les Allemands n'avaient guère progressé avec les leurs et ils utilisaient un autre atome, je veux parler de l'hydrogène. »

PATTON A RENDEZ-VOUS AVEC SON DESTIN

« C'est une manière idiote de mourir. »

Patton au général Gay

Mort d'un héros

Avant de repartir aux USA, un départ prévu le 10 décembre, Patton décide de faire une partie de chasse au faisan avec le général Gay. Son jeune chauffeur voue à Patton une admiration sans limites. On dit même qu'il s'est réengagé dans l'*Army* pour pouvoir servir sous ses ordres ! Georgie visite les restes d'un camp romain. Le temps est clair, même s'il fait froid. Après avoir redémarré à un passage à niveau, le chauffeur aperçoit deux camions GMC non loin d'un dépôt de l'armée. Un des deux camions tourne, sans avertir. Le chauffeur de Patton tente une manœuvre, freinant de toutes ses forces et braquant sa voiture. Trop tard. Le camion heurte le véhicule du général. Le choc est violent. Patton est projeté vers l'avant. Avant de tomber inconscient, Georgie lance à Gay, dans la voiture : « C'est une manière idiote de mourir. » Le général Gay explique : « Patton a basculé en avant lors du freinage puis a été rejeté en arrière par le choc. Sa tête était tournée vers la gauche et je le soutenais sur mon épaule droite. Blessé au front et au cuir chevelu, il saignait en abondance. » Peu avant 13 h, Patton arrive à l'hôpital d'Heidelberg. Le diagnostic est sans appel : Patton est tétraplégique ! Les meilleurs chirurgiens du camp allié s'activent à son chevet. Son épouse Béatrice lui fera la lecture tous les jours. Patton reçoit des milliers de lettres de soutien. Les journalistes font le pied de grue devant la clinique. Après un bref répit, l'état de Patton se dégrade. Le 21 décembre 1945, peu avant 18 h, il rend son dernier souffle, victime d'un œdème pulmonaire. L'annonce de sa mort se répand comme une traînée de poudre. Les messages affluent de partout. L'émotion est intense. À West Point, mais également à l'académie militaire de Virginie, deux établissements fréquentés par Patton, les drapeaux sont en berne. Les messages viennent de partout. Officiel, comme celui de la VIIe armée, qui note :

> C'est avec un profond regret que nous vous faisons part du décès du Général George S. Patton, Jr. Probablement jamais aucun soldat auparavant n'a reçu autant d'hommages que ceux rendus par ses adversaires les plus puissants au général Patton. Il a été considéré comme le commandant de campagne américain le plus habile face à l'armée allemande, et ce, sur n'importe quel front. L'ensemble des Alliés rend un hommage vibrant à l'homme à qui revient, en grande partie, le mérite des victoires de nos armes dans la terrible guerre européenne qui vient de se terminer. La Septième

> armée a perdu un grand ami, un vaillant guerrier, et un leader éclairé. Notre pays a perdu un grand et courageux citoyen. Puissions-nous nous consoler avec la pensée qu'il est mort comme il aimait à vivre – en combattant !

Ou plus intime, comme cette lettre qu'un G.I. stationné en Allemagne écrit à ses parents, le 22 décembre 1945 :

> La nuit dernière, l'un des plus grands hommes qui aient jamais existé est mort. C'était Patton. Le reste du monde pense à lui simplement comme à un autre de ces gars avec des étoiles sur les épaules. Les hommes qui ont servi sous son commandement le connaissent comme un meneur de soldats. Je suis fier de dire que j'ai servi sous ses ordres dans la Troisième armée.

Une chapelle ardente est aménagée dans une villa. Le 23 décembre, un an après sa chevauchée fantastique dans les Ardennes, un office religieux a lieu à Heidelberg. Toutes les nations alliées sont représentées. Puis, escorté, le cercueil est conduit jusqu'à la gare. Là, il est salué par des coups de canon. Sa dépouille mortelle va être transportée par train jusqu'à sa dernière demeure au grand-duché de Luxembourg. Un des désirs de Patton : être enterré au milieu de ses gars, de ceux de la IIIe armée. À Luxembourg-Ville, même émotion dans les rues au passage du cortège funèbre. Patton repose encore aujourd'hui au *Luxembourg American Cemetery and Memorial*, Un cimetière militaire situé à Hamm, Luxembourg-Ville. La majorité des personnes qui y sont inhumées sont mortes lors de la bataille des Ardennes. La tombe de Patton, elle, est semblable à toutes les autres, sans artifice.

Patton, aujourd'hui encore

La mort de Patton, alors que tous savaient son anticommunisme pathologique, a été au centre de nombreuses théories. Des théories du complot qui ont vu non un accident, mais un acte délibéré. Patton entre encore un peu plus dans la légende comme Napoléon qui aurait été empoisonné ou César assassiné. Patton est devenu, au fil du temps, l'archétype du général américain de la Seconde Guerre mondiale. L'homme de guerre par excellence. Un nom qui renvoie l'imaginaire collectif à la guerre. Patton a été reconnu de son vivant. Du moins officiellement. Si, en coulisse, on n'aimait pas trop ses décisions et ses prises de position, son franc-parler et son incommensurable ego, sa victoire de Bastogne a fait de lui un homme presque providentiel. Vingt-cinq ans après sa mort, George C. Scott endosse son costume dans un film tout simplement baptisé *Patton*. Le succès est au rendez-vous aux États-Unis. Le film de Franklin Schaffner est récompensé par 7 oscars, dont celui du meilleur acteur ; George C. Scott refusera le prix, arguant que les comédiens ne doivent pas se faire de compétition. Une réaction que Georgie n'aurait sans doute pas reniée. Le cinéma fait définitivement entrer le général dans l'histoire. Dans les années 1950, la poste belge sortait une série de timbres à l'effigie du général. Une série prisée des collectionneurs. Patton, c'est également une montre produite par un Bastognard. En septembre 2014, un chocolatier de Florenville, dans le Luxembourg belge, annonçait qu'il allait produire des pralines « Patton », représentant des villes libérées par le général. Patton, c'est aussi une fondation, portée par sa petite-fille, Helen, qui vient en aide aux soldats US.

Épilogue

Sur le plan militaire, Patton aura été celui qui, malgré sa méfiance des débuts, aura compris que les chars représentaient une arme à part entière. Il a su profiter, lorsqu'il n'en a pas été à l'origine, des progrès de cette arme. Étudiant les champs de bataille à la perfection, il avait toujours plusieurs coups d'avance sur ses adversaires. Von Rundstedt déclarera à son sujet, lors d'une interview à un magazine américain : « C'était votre meilleur élément. » Patton aimait la guerre. Il aimait cette odeur de poudre, la sueur des combats. Intransigeant sur le plan de la discipline, il n'avait de cesse de vouloir transformer des hommes en machines de guerre : « Mourir pour sa patrie ? Je préfère que ce soient ceux d'en face qui le fassent », notait-il, non sans un brin d'humour. Patton fait partie des mythes de la nation américaine. Patton fait partie de l'histoire, de notre histoire. Il rêvait de passer à la postérité, à l'image de César, Hannibal ou Napoléon. C'est chose faite.

PARTIE 5

ANNEXES

LIEUX EMBLÉMATIQUES

Les champs de bataille de l'offensive des Ardennes regorgent de monuments commémoratifs, rappelant ces faits d'armes. Sous l'égide de la Fédération touristique du Luxembourg belge (FTLB), les fédérations liégeoise, namuroise et le gouvernement grand-ducal ont édité une carte des champs de bataille. Une initiative soutenue par le Musée royal de l'armée et l'Institut géographique national. Exhaustive, cette carte reprend l'ensemble des musées et des monuments érigés en souvenir de la bataille. Elle propose également plusieurs circuits pour découvrir la bataille des Ardennes. Elle est disponible gratuitement auprès des maisons du tourisme. Dans les lignes qui suivent, nous avons repris les lieux qui évoquent le passage du général Patton chez nous lors de sa folle chevauchée.

UN PATTON PEUT EN CACHER UN AUTRE

Nombreux sont les monuments qui évoquent la chevauchée de Patton en Ardenne en 1944-1945. Dans le Brabant wallon, à Gastuche, commune de Grez-Doiceau, une plaque commémorative rappelle les durs combats pour la défense de la Dyle, en mai 1940. Parmi les victimes reprises sur ce mémorial se trouve J. Patton, soldat au 2e bataillon d'infanterie légère Durham, unité anglaise.

Arlon

Plaque commémorative, avenue Général Patton : «Par cette avenue déferlèrent Patton et ses blindés sauvant Arlon d'un retour des hordes teutonnes.» Cette plaque a été offerte par le journal *La Meuse Luxembourg*. À ses côtés se trouve la plaque de rue qui reprend quelques informations sur le général Patton.

Monument général Patton, à l'intersection des rues de Neufchâteau et de Bastogne, sur la place du 12e Bataillon de Fusiliers. On peut y lire, en français et en anglais, l'inscription suivante : «D'ici, le 24 décembre 1944, le Général Patton lança la 3e armée dans la bataille des Ardennes.» Au-dessus, un portrait de profil du général, casqué. Ce portrait est en bronze et signé du célèbre sculpteur Victor Demanet (Givet, 1895 – Ixelles, 1964). Ce monument a été érigé en 1957 à l'initiative de la commission des fêtes d'Arlon.

Assenois (commune de Bastogne)

Fortin Boggess : placé sur un des innombrables fortins prévus par le ministre Deveze pour la défense de la Belgique, deux plaques commémoratives rappellent la percée de Patton lors de l'hiver 1944 et le bris de l'encerclement de Bastogne par ses hommes. Sur l'un, don de la fraternelle du 11e bataillon de fusiliers, on peut lire, en français et en anglais : « Ici, au soir du 26.12.1944, la 4e division blindée (3e armée US Général Patton) a rejoint la 101e Airborne, rompant ainsi l'encerclement de Bastogne.» La seconde plaque, elle, évoque Charles Boggess, commandant du premier char à briser le siège de Bastogne : « Hommage au Lt Charles Boggess (1911-1985) dont le char brisa le premier l'encerclement de Bastogne.»

Monument Hendrix : le soldat américain James Hendrix, 4e blindée, s'est particulièrement illustré lors de la bataille de Bastogne au point d'être décoré par la médaille du Congrès. Une plaque rappelle ses faits d'armes. Il est revenu dans la région en décembre 1999.

Bastogne

Un circuit fait de panneaux thématiques reprend les endroits clés de la bataille. Une belle façon de découvrir cette dernière. Autour de la ville, des tourelles de chars américains délimitent le périmètre de l'encerclement de 1944.

Char Sherman : symbole emblématique de Bastogne, le char Sherman est établi sur la bien nommée place McAuliffe, du nom du commandant de la 101e Airborne pendant le siège de Bastogne (un buste de ce dernier se trouve sur la place). Ce char appartenait à la 11e division blindée US, la «Thunderbolt». Débarquée en France le 16 décembre 1944, cette division rejoint Bastogne le 29 de ce même mois. C'est elle qui fera la jonction avec les armées du nord, à Houffalize. Le char a été touché lors des combats de Renaumont, le 30 décembre 1944. Capturé, son équipage est fait prisonnier. Une plaque commémorative rend hommage aux 4e et 10e divisions blindées.

Le Mardasson : née au lendemain de la Seconde Guerre mondiale, l'association belgo-américaine plaide d'emblée pour la création d'un monument évoquant le sacrifice des soldats de l'*Army* lors de la libération du territoire. Bastogne, en raison du sang américain versé au cours d'une seule bataille, est choisie. En 1946, de la terre de la colline du Mardasson à Bastogne est envoyée au président américain Truman. C'est sur cette colline que se trouve aujourd'hui une plaque commémorative, rédigée en latin, sur laquelle on peut lire : «Le peuple belge se souvient de ses libérateurs américains.» Elle est située en plein cœur du Mardasson. Imaginé à la suite d'un concours remporté par le Liégeois Georges Dedoyard, le Mardasson constitue un vaste chantier en cet après-guerre. Il débute en 1948 et est inauguré deux ans plus tard devant un parterre de personnalités belges et étrangères, dont le général McAuliffe. Le monument représente une étoile à cinq branches, emblème des USA. Une frise reprend le nom des quarante-huit États faisant partie des USA en 1944. Un récit de la bataille des Ardennes se trouve à l'intérieur du monument. On peut également découvrir le nom de toutes les unités engagées dans la bataille du saillant. Une crypte est située à quelques mètres de là. Des mosaïques du Français Fernand Léger (1881-1955) décorent l'intérieur. Un intérieur où des endroits spécifiques ont été aménagés pour les cultes catholique, protestant et juif. Le Mardasson est le symbole par excellence du sacrifice américain lors de la bataille des Ardennes.

Monument Général Patton : en 2010, à Bastogne, la place Merceny a été rebaptisée place Patton. Le monument en l'honneur du général qui, jusque-là, était établi non loin de la rue Joseph Renquin y a été déplacé. En 1963, près de vingt ans après la percée de Patton, la ville de Bastogne inaugure un monument en mémoire de l'illustre général. Il est dévoilé par son petit-fils, le lieutenant John K. Waters. C'est le sculpteur Rau qui grava l'effigie du général Patton. En 1969, devant ce monument, les anciens du 11e bataillon de fusiliers (belges), affecté à l'armée de Patton, ont fait apposer une plaque commémorative. Elle reprend les paroles de Dwight Eisenhower au sujet de l'unité : «Je désire exprimer mes félicitations au 11e bataillon belge de fusiliers pour son mérite exceptionnel dans l'accomplissement de ses devoirs militaires pendant qu'il servait avec la 3e armée des États-Unis.» Ces paroles ont été prononcées le 13 juillet 1945. La version originale du texte, en anglais, figure également sur cette plaque commémorative.

Voie de la Liberté : à Bastogne, place McAuliffe et sur la route du Mardasson se trouvent deux bornes de la «voie de la Liberté». Cette voie symbolise le parcours de la 3e armée américaine, celle de Patton, depuis la Normandie jusqu'à Bastogne, son point final. Cette voie de la Liberté, imaginée par le colonel Guy de Vasselais, se compose de bornes kilométriques. Des bornes, élaborées par le sculpteur français François Cogné (1876-1952), représentent la flamme, symbole de la liberté, inspirée de la fameuse statue de la Liberté de New York. Cette flamme sort de l'eau, rappel de l'arrivée par la mer des libérateurs.

Bizory (commune de Bastogne)

Bois de la Paix : non loin du Mardasson, le bois de la Paix est inauguré en 1994. L'idée, lancée par le comité Unicef local, est d'honorer un vétéran américain par la plantation d'un arbre. Une plaque nominale est posée devant chaque arbre. Le bois fait 3 hectares et comprend quatre mille arbres. Des panneaux recensant les villes martyres sont visibles aux alentours du bois. Cette union mondiale des villes martyres est une initiative de Bastogne, à l'aube des années 1980. Vu du ciel, ce bois de la Paix évoque le symbole de l'Unicef, la mère et l'enfant.

Houffalize

Non loin de l'hôtel de ville est visible un char allemand *Panther* de la 116ᵉ blindée allemande. Ce char tomba dans l'Ourthe, où il fut récupéré, après la bataille des Ardennes.

Plaques commémoratives : place Janvier 45 se trouve un monument évoquant la jonction entre les 1ʳᵉ et 3ᵉ armées américaines dans le secteur de Houffalize.

La Roche-en-Ardenne

Char Sherman : si ce ne sont pas les troupes de Patton qui ont libéré la ville, le char Sherman, situé aujourd'hui quai du Gravier, y est étroitement lié. Ce char, restauré par les Lanciers de Marche-en-Famenne, unité jumelée avec la ville, provenait du camp de Stockem (Arlon). Les recherches effectuées sur l'origine de ce char arrivent à la même conclusion : il faisait part de la 4ᵉ blindée de Patton. Son nom d'origine, « Amboy », figure d'ailleurs sur ses flancs ; le A du nom renvoie à la compagnie A du 35ᵉ bataillon, *Combat Command* R de la 4ᵉ blindée US.

Noville (commune de Bastogne)

Plaque commémorative : dès le déclenchement de l'offensive connue par les Alliés, la 10ᵉ blindée fut prélevée de la 3ᵉ armée de Patton pour se diriger vers Bastogne. Divisée en trois « teams » à son arrivée, elle fut chargée de tenir des points sensibles. Parmi ces derniers, Noville.

C'est ici que Desobry s'illustra, fut blessé et fait prisonnier. Une rue du village porte désormais son nom et une plaque commémorative, en anglais et en français, note : « Le général US William R. Desobry (1918-1996), 10e division blindée, fit preuve d'un courage hors du commun lors de la défense de Noville en décembre 1944. »

Rensizez (commune de Houffalize)

Monument commémoratif de la jonction : près du pont enjambant l'Ourthe, au moulin de Rensiwez, un monument, posé sur une pierre, rappelle la jonction entre les armées du nord du saillant et celles de Patton, le 16 janvier 1945. Trois plaques commémoratives sont posées sur ce rocher. Une représente la jonction ; les deux autres sont des textes, l'un en anglais, l'autre en français, qui rappellent que la bataille des Ardennes prenait fin avec cette jonction entre la 84e d'infanterie (1re armée) et la 11e division blindée (3e armée de Patton). Ce monument fut inauguré en 1995, dans le cadre du cinquantième anniversaire des événements.

Villers-la-Bonne-Eau (commune de Bastogne)

Monument à la 35e division d'infanterie US : le village connut un véritable calvaire lors de cette offensive. Les habitants sont pris en otage par les Allemands et les combats sont d'une rare violence. Ce qui fut appelé le « triangle de la désolation » ou, encore, « la poche de Harlange » subit des combats jusqu'au 10 janvier. Six mille obus ont rayé le village de la carte. La conduite de la 35e d'infanterie, unité de la 3e armée de Patton, y fut héroïque.

LIEUX DE MÉMOIRE

- La fondation Patton : www.patton-trust.org

Centre d'interprétation

- Bastogne Barracks
  Quartier Sous-lieutenant Heintz
  40, rue de La Roche, B-6600 Bastogne
  Tél. : +32 (0)61 24 21 24 – www.klm-mra.be

Musées reconnus par « Musées et société en Wallonie »

- Bastogne War Museum
  5, Colline du Mardasson, B-6600 Bastogne
  Tél. :+ 32 (0)61 210 220
  www.bastognewarmuseum.be
- Bastogne Ardennes '44 Museum
  635, Bras, B-6600 Bastogne
  Tél. :+32 (0)61 21 78 95
  www.bastogneardennes44.be
- Musée de la Bataille des Ardennes
  5, rue Chamont, B-6980 La Roche-en-Ardenne
  Tél. : +32 (0)84 411.725 – www.batarden.be

- Baugnez 44 Historical Center
  10, Route de Luxembourg, B-4960 Malmedy
  Tél. : +32 (0)80 44 04 82 – www.baugnez44.be
- Historical Museum December 44
  7B, rue de l'Église, B-4987 La Gleize
  Tél. : +32 (0)80 78 51 91 – www.december44.com
- Musée de la Bataille des Ardennes
  Château de Clervaux, L-9712 Clervaux
  Tél. : +352 26 90 34 96 – www.clervaux.com
- Musée national d'histoire militaire
  10, Bamertal, L-9209 Diekirch
  Tél. : +352 808 908 – www.mnhm.lu
- Musée de la Bataille des Ardennes
  Château de Wiltz (Ville haute), L-9516 Wiltz
  Tél. : +352 26 95 00 32 – www.touristinfowiltz.lu

Autres musées évoquant la bataille des Ardennes

- AMBA, Association des musées de la bataille des Ardennes
  www.amba.lu
- Musée « 40-45 Memories »
  54, rue des Ardennes, B-4920 Aywaille
  Tél. : +32 (0)4 384 54 31
- « Au Pays d'Ardenne » Original Museum
  20, rue de Neufchâteau, B-6600 Bastogne
  Tél. : +32 (0)61 21 4 911
- 101st Airborne Museum Le Mess
  11, avenue de la Gare, B-6600 Bastogne
  Tél. : +32 (0)61 50 12 00
  www.101airbornemuseumbastogne.com
- Musée History 44
  35, rue du Centre, B-6982 Bérismenil
  Tél. : +32 (0)477 59 53 79 – www.history44.com

- WWII Memory Museum
  29, rue de Maastricht, B-4607 Berneau
  Tél. +32 (0)479 82 98 12
  www.wwii-memory-museum.com
- Musée de la 83rd Infantry Division
  21A, Bihain, B-6690 Bihain
  Tél. : +32 (0)80 41 87 39
- Musée Truschbaum – Camp Elsenborn
  1, Lager Elsenborn Camp, B-4750 Bütgenbach
  Tél. : +32 (0)80 44 21 05 – www.mil.be/elsenborn
- Remember Museum 39-45
  4, rue Les Béolles, B-4890 Clermont
  Tél. : +32 (0)87 44 61 81 – www.remembermuseum.com
- Musée de la Bataille de la Salm
  24, Ennal, B-6698 Ennal
  Tél. : +32 (0)80 21 54 58 – +32 (0)477 20 78 09
  www.musee-ennal.com
- Ensival Historical Museum
  1, rue de la Saunerie, B-4800 Ensival
  Tél. : +32 (0)87 33 93 88
- Musée mémorial du général Patton
  5, rue Dr Klein, L-9054 Ettelbruck
  Tél. : +3252 691 55 82 78 – www.patton.lu
- Musée des Commandos – Caserne Sous-lieutenant Thibaut, 80, rue Durieux, B-5020 Flawinne
  Tél. : +32 (0)81 72 81 10 – www.cdomuseum.be
- Musée Spitfire – Base J. Offenberg
  191, route Charlemagne, B-5620 Florennes
  Tél. : +32 (0)71 68 22 52 – www.museespitfire.be
- Musée du Génie
  Chemin du Masuage 2, B-5100 Jambes (Namur)
  Tél. : +32 (0)81 32 39 73 – www.gm-news.net

- Bulge-relics
  Joubiéval, B-6990 Joubiéval
  Tél. : 0496 31 61 74 – www.bulge-relics-museum.be
- 385th Bomb Group Memorial Museum
  6, rue de l'Église, L-8826 Perlé
  www.385bg.com
- Ardennen Poteau 44 Museum
  22, Poteauer Straße, B-4780 Recht
  Tél. : +32 (0)80 21 74 25
  www.museum-poteau44.be
- Exposition-Museum 44
  Sadzot, B-6997 Sadzot
  Tél. : + 32 (0)492 84 19 38
  www.sadzotmuseum44.be
- Museum « Bataille des Ardennes »
  rue du 26 décembre, B-6637 Sainlez
- Exposition-Museum 87th Infantry Division
  81, rue du Mont, B-6870 Saint-Hubert
  Tél. : +32 (0)475 44 78 67

BIOGRAPHIES

Alexander Harold (1891-1969)

Field marshal de l'armée britannique. Côtoie Patton en Afrique du Nord et en Sicile.

Boggess Charles (1911-1985)

Lieutenant à la 4e division blindée US, son char sera le premier à briser l'encerclement de Bastogne, le 26 décembre 1944, opérant ainsi la jonction entre la 101e Airborne et l'armée de Patton.

Bradley Omar (1893-1981)

Général. Subordonné, puis supérieur de Patton. S'illustre en Afrique du Nord, en Normandie, dans la bataille des Ardennes et dans la campagne d'Allemagne.

Dietrich Josef, dit « Sepp » (1892-1966)

Général SS, commande la VIe armée Panzer lors de l'offensive des Ardennes. Condamné pour crimes de guerre, notamment le massacre de Baugnez.

Eisenhower Dwight (1890-1969)
« Ike », ami personnel de Patton, même si les relations entre les deux hommes ont parfois été tendues. Commandant suprême des forces alliées lors de la Seconde Guerre mondiale, il deviendra président des États-Unis (1953-1961).

Estienne Jean-Baptiste (1860-1936)
Général français. Ingénieur, il a influencé l'usage de l'aviation lors de la Première Guerre mondiale. Il est également considéré comme le « père des chars » en France. Il rencontre Patton lors de la guerre 14-18.

Fuller John Frederick Charles (1878-1966)
Général britannique. Il perçoit toute l'utilité des chars de combat lors de la guerre de 1914-1918. Rencontre Patton à cette période. Pendant l'entre-deux-guerres, essayera, sans succès, de faire entrer dans les mœurs militaires l'usage des blindés.

Guderian Heinz (1888-1954)
Général allemand. Théoricien de la *Blitzkrieg*, la guerre éclair.

Hodges Courtney (1887-1966)
Général américain ; côtoie Patton au Mexique. Commandant de la Ire armée américaine. Armée qui fera la jonction avec celle de Patton près de Houffalize, en janvier 1945.

Marshall George (1880-1959)
Général américain. S'illustre lors de la Première Guerre mondiale, notamment par ses compétences organisa-

tionnelles. Conseiller du président Roosevelt lors de la seconde. Auteur du plan de redressement économique de l'Europe qui porte son nom. Prix Nobel de la Paix (1953).

McAuliffe Anthony (1898-1975)

Général américain. Commandait la 101e aéroportée lors du siège de Bastogne. Auteur du fameux « Nuts » face à la demande de reddition américaine.

Montgomery Bernard (1887-1976)

« Monty », maréchal britannique. Associé aux grands faits d'armes britanniques pendant la Seconde Guerre mondiale, notamment en Afrique du Nord, en Sicile et en Normandie. Commande les Ire et IXe armées américaines pendant l'offensive des Ardennes. Ses visions tactiques et sa « vantardise » irriteront plus d'une fois Patton.

Middleton Troy (1889-1976)

Général américain. Participe aux deux guerres mondiales, campagnes d'Italie, de France. Au début de l'offensive, son QG est établi à Bastogne (il le transférera à Neufchâteau). Ses troupes sont les premières à encaisser les coups allemands. Ses prises de décision ont été déterminantes pour l'issue de la bataille.

Model Walter (1891-1945)

Generalfeldmarschall. Surnommé le « pompier d'Hitler ». Concepteur de l'offensive des Ardennes, même s'il avait opté pour une possibilité plus minimaliste que celle voulue par Hitler. Se suicide en 1945.

Pancho Villa (1878-1923)
Révolutionnaire mexicain. Patton connut le baptême du feu contre ses troupes.

Pershing John Joseph (1860-1948)
Général des armées des USA. Surnommé « Black Jack », il fut un des modèles de Patton. Commandant du corps expéditionnaire américain en Europe lors de la Première Guerre mondiale.

Rommel Erwin (1891-1944)
Generalfeldmarschall allemand. Connaît son baptême du feu dans la province de Luxembourg, en 1914. Adepte de la *Blitzkrieg*, il participe à la percée de mai 1940 avec ses blindés. Surnommé le « Renard du désert » pour ses actions en Afrique du Nord. Patton a rêvé de pouvoir l'affronter sur le terrain. Compromis dans l'attentat contre Adolf Hitler en juillet 1944, il se suicide.

Stimson Henry (1867-1950)
Politicien américain. Secrétaire à la Guerre en 1940-1945. Soutien Patton dans l'« affaire des gifles. »

Von Lüttwitz Heinrich (1896-1969)
Baron, général allemand, troupes blindées. Auteur de l'encerclement de Bastogne, c'est lui qui demande la reddition de la ville à McAuliffe.

Von Manteuffel Hasso-Eccard (1897-1978)
Général allemand, troupes blindées. Affronte Patton en Lorraine. Participe à la bataille des Ardennes où il réussit

la percée la plus profonde du saillant, s'approchant de la Meuse.

Von RundstedtGerd (1875-1953)

Generalfeldmarschall allemand. Type même de l'officier prussien, il combat lors des deux guerres. Son nom est associé à la contre-offensive allemande dans les Ardennes, en décembre 1944.

INSTRUCTIONS DE PATTON SUR L'INFANTERIE À LA IIIE ARMÉE (AVRIL 1944)

1. L'infanterie doit faire mouvement de façon à entrer en contact avec l'ennemi. Elle doit tirer afin d'avancer. Quand les cibles physiques ne sont pas visibles, le feu des armes d'infanterie doit rechercher la zone occupée par l'ennemi. Utiliser le feu en mouvement. Il réduit la précision du tir ennemi et augmente notre confiance. Tirer court. Les ricochets causent des bruits et des blessures encore plus affreux. Faire halte sous le feu est une folie. S'arrêter sous le feu et ne pas retourner le feu est du suicide. Aller en avant hors de la zone de feu. Les officiers doivent montrer l'exemple.
2. Les armes lourdes emboîtent le pas. Dans le bataillon, la compagnie des armes lourdes emboîte le pas au bataillon. Dans le régiment, la compagnie d'artillerie d'appui emboîte le pas au régiment, mais c'est le travail des fusils et des mitrailleuses légères de donner

une chance d'avancer aux armes lourdes. En d'autres termes, les fusils et les mitrailleuses font avancer les armes lourdes pour leur laisser le tir à tuer.

3. Les mortiers utilisent de grandes quantités de munitions. Le mortier de 81 mm tire huit cents coups et un 60 mm cinq cents coups en vingt-quatre heures. Pour les approvisionner en munitions, toutes sortes de moyens de transport doivent être utilisées, et les fusiliers d'infanterie proches des mortiers doivent, en se rendant au combat, porter chacun un coup qu'ils peuvent déposer dans un lieu déterminé à l'avance. Quand ils ne bougent pas, tous les mortiers, les mitrailleuses et les canons antichars de l'infanterie doivent être mis en position de tir.
4. Les canons antichars doivent être placés où ils ne peuvent pas voir ou être vus au-delà de leur portée létale contre les chars à moins d'être utilisés comme artillerie légère.
5. Peu d'hommes sont tués par la baïonnette : beaucoup d'hommes en ont peur. Les baïonnettes doivent être fixées quand le combat commence. Les baïonnettes doivent être affûtées par chaque soldat. Les Allemands détestent la baïonnette et sont inférieurs à nos hommes dans son emploi. Nos hommes doivent le savoir.
6. Le fusil M-1 est le fusil le plus mortel au monde. Si vous ne pouvez voir l'ennemi, vous pouvez au moins tirer à l'endroit où ils sont censés être.
7. Les trajectoires de tir contre les mitrailleuses doivent être proches et parallèles à l'axe de tir de l'ennemi. Cela le cloue au sol jusqu'à ce que les grenadiers avec des explosifs et à la baïonnette puissent le tuer par-derrière.

8. Le plan de feu est pratiquement inexistant dans notre armée, avec le résultat suivant que les secteurs où l'ennemi est visible reçoivent tout le tir, tandis que les secteurs où il est invisible ouvrent le feu sur nos hommes en totale impunité. Ce défaut doit être corrigé.
9. Le bataillon d'infanterie est la plus petite unité qui puisse être envoyée en mission détachée. Quand elle est ainsi employée, il est toujours souhaitable de le renforcer avec de l'artillerie, des canons antichars, antiaériens, et, si possible, avec des chars et du génie.
10. L'infanterie mécanisée ne doit pas attaquer montée sur ses véhicules. Elle doit employer ses véhicules pour se déployer montée et se rassembler depuis une formation déployée.
11. Les attaques de nuit signifient des attaques pendant l'obscurité ou au clair de lune. Durant les nuits sans lune, les attaques doivent commencer deux heures et demie avant l'aube ; pendant les clairs de lune, avec l'apparition de la lune. Les attaques de nuit doivent être précédées par une reconnaissance de jour attentive et beaucoup de précautions. Des objectifs limités doivent être prévus et être aisément reconnaissables dans l'obscurité. La formation d'attaque est en colonne ou en ligne de colonnes. Les distances et les intervalles sont réduits. La profondeur est nécessaire.
12. Des tirs de couverture doivent être combinés, d'abord, pour attaquer l'ennemi après que notre infanterie a été démasquée, ensuite, pour détruire les contre-attaques à l'aube. Les colonnes d'assaut sont précédées par un détachement de sécurité précédé à son tour par une patrouille. Le détachement de sécurité et la patrouille sont absorbés quand le contact est fait. En

plus des colonnes d'assaut, une réserve doit être disponible pour l'exploitation après le lever du jour. Des signes, des appels et des marques d'identification sur les manches et le casque sont nécessaires. Des grenades offensives devront être employées. Une fois repéré, ouvrir un tir rapide et faire autant de bruit que possible, alors qu'on fonce pour y aller à la baïonnette.

13. La défense consistera en petits groupes se supportant mutuellement, disposés en profondeur et complètement interconnectés. Des mines seront placées.
14. Tous les officiers d'infanterie doivent être capables d'observer et de diriger des tirs d'artillerie.

BIBLIOGRAPHIE

Ouvrages

- AREND, G. F., *Bastogne, le trou dans le beignet*, Bastogne, BHC, 1984.
- *Batailles des Ardennes, itinéraires du souvenir*, Liège, CRIBA, 1994.
- BARAITRE, I., *Patton, un général dans les Ardennes*, Bruxelles, Luc Pire, 2008.
- BERTIN, F. (abbé), *La ruée de von Rundstedt dans nos Ardennes*, Bastogne, Musée de la parole, 2002.
- BLOCKMANS, G., *Bataille des Ardennes, les routes du souvenir*, Bruxelles, OPT, 2009.
- Collectif, « La Bataille des Ardennes », *in Jours de guerre*, Bruxelles, Dexia, 2001.
- CAPET, A., *Montgomery, l'artiste des batailles*, Paris, Perrin, 2014.
- CASTOR, H., *Le G.I. face à la Ve armée Panzer*, 4 t., Neufchâteau, Weyrich, 2011.
- CASTOR, H., *Bastogne et ses héros américains*, Neufchâteau, Weyrich, 2014.
- *Chronique de la Seconde Guerre mondiale*, s.l., éditions chroniques, 1990.

- Collectif, *Province de Luxembourg, histoire et patrimoine*, Bruxelles, Racine, 2009.
- Collectif, *Le patrimoine militaire de Wallonie*, Namur, IPW, 2007.
- Collectif, *Un mois en enfer,* Neufchâteau, Weyrich, 2009.
- COLE, H. M., *La grande Bataille des Ardennes en Belgique et au Luxembourg*, Villance, Omer Marchal, 1994.
- CROUQUET, R., *La bataille des Ardennes au jour le jour*, Bruxelles, éditions Libération 44, 1945.
- ENGELS, E., *La campagne des Ardennes,* Bruxelles, Racine, 2004.
- FRANCARD, M. et MOËRYNCK, R., *Le mémorial du Mardasson à Bastogne*, Marche-en-Famenne, Musée de la parole en Ardenne, 2005.
- HEINTZ, J., *Dans le périmètre de Bastogne,* édition enrichie, Bastogne, Musée en Piconrue, 2005.
- HOLMES, R., *Atlas historique de la guerre*, Paris, France Loisirs, 1990.
- HOYOIS, G., *L'Ardenne dans la tourmente*, Marcinelle, Dupuis, s.d.
- KADARI, Y., *Patton,* Paris, Perrin, 2011.
- KEEGAN, J., *Dictionnaire des grands noms de la Seconde Guerre mondiale*, Paris, Presses de la cité, 1989.
- LAURENT, B., *Carnets secrets du général Patton*, Paris, Nouveau monde, 2011.
- MACDONALD, C., Noël 44, *La Bataille d'Ardenne*, Bruxelles, Renaissance du livre, 2014.
- PROVINCE, C., *Patton's Third Army, a Chronology of the Third Army Advance, August 1944 to May 1945*, New York, Hippocrene Books, 1992
- TAGHON, P., *La Bataille d'Ardenne*, Bruxelles, Racine, 1994.

- ZALOGA, S., *La Bataille des Ardennes*, Bastogne, s.l., Osprey publishing, 2010.
- ZALOGA, S., *La Bataille des Ardennes, Saint-Vith et le nord du saillant*, s.l., Osprey publishing, 2010.

Revues

- « Les grands stratèges », *in Comprendre l'histoire*, décembre 2011.
- Revues du cercle d'histoire *Segnia*, Houffalize-La Roche-en-Ardenne, *passim*.
- « Sur les traces de Patton », *in Véhicules militaires magazine,* septembre 2010.
- *The Patton Saber,* revue de *The Patton Museum Foundation*, Fort Knox, *passim*.
- *39-45 magazine*, notamment numéro de décembre 2010.

Carte

- *La Bataille des Ardennes, 1944-1945,* carte éditée par les fédérations touristiques du Luxembourg, de Namur, de Liège et l'Office régional du tourisme des Ardennes luxembourgeoises, 2014.

Sites Internet

- www.bastogne.be
- www.batarden.be
- www.bel-memorial.org
- www.criba.be
- www.en.tracesofwar.com
- www.ftlb.be
- www.hommage-general-patton.org
- www.histoquiz-contemporain.com
- www.generalpatton.org

Achevé d'imprimer en octobre 2017
par l'imprimerie V.D. (Temse, Belgique)